盲児に対する
点字読み指導法の研究

点字読み熟達者の手の使い方の分析を通して

牟田口辰己
Mutaguchi Tatsumi

慶應義塾大学出版会

盲児に対する点字読み指導法の研究

点字読み熟達者の手の使い方の分析を通して

はじめに

　本書は，2013（平成 25）年 3 月，広島大学に提出した学位（博士）論文「盲児に対する点字読み指導に関する研究 ―点字読み熟達者の手の使い方の分析を通して ―」に若干の修正を加えたものである。「はじめに」では，点字研究のきっかけを述べることとする。

　わたしの両親が盲学校卒業ということもあり，自宅には点字の郵便物が時々届いていた。しかし，わたしはそれを読むことはできなかった。盲学校教員を志して入学した広島大学で初めて点字の読み書きを学んだ。研究対象としての点字との出会いは，1975（昭和 50）年 4 月に国立福岡視力障害センターに始まる。ここは，当時全国 5 箇所にあった，人生の中途で視力を失った方々のための厚生労働省所管の国立更生援護施設である。わたしは生活指導員として入所者のケースワークと歩行訓練などの生活訓練を担当した。センターでは毎年 11 月初旬に「所内点字競技会」が開かれていた。その主担当であった管一十(かんかずとし)氏は中途失明者の点字習得を研究しており，わたしはその仕事を手伝う中で，読速度と点字学習の開始年齢およびその期間との関係を学んだ。

　センターに 3 年勤務した後に，筑波大学附属盲学校小学部教員へ転任した。点字の読み書きが日常業務となり，自然と，点字との関わりは深まる。最初に担任した 5 年生は，盲児 6 名と弱視児 1 名のクラスであった。パソコンはなく，専ら弱視児には手書きで文字を拡大し，盲児にはパーキンズブレーラーで同じ内容を 6 人分書き写した（その後少し要領を得て，2 枚を重ね書きした）。弱視児はノートに書き取るスピードが盲児についていけず，この様子から点字と墨字（活字）の読み書きについて考え始めた。

　1982（昭和 57）年度からは，当校の自立活動（当時は養護・訓練）専科教

論となる。小学部盲教育研究グループのメンバーとして毎年実施されていた点字競技会を担当し，過去の記録を収集整理して，点字読み書きの「級づくり」の取り組みを始めた。また，1991（平成3）年4月に筑波大学の社会人大学院に入学。ここでの演習において，盲児の読速度データから小学部6年間の変容をレポートした。そして翌年，東北大学で開催された日本特殊教育学会第30回大会で最初の学会発表を行った。

　当時からの疑問は，点字を読む手の使い方と左右の手による片手読速度の違いである。文部省指導書には「転写（写し書き）のことを考えて左手を重視する」とあった。一方で「右手主導」を強く主張する指導法も学んだ。これらの疑問を論文としてまとめたのが，「盲児の点字読速度の発達」（『特殊教育学研究』35巻2号,1997）である。さらに，盲児の結果を踏まえ，点字読みの速い人（熟達者）はいったいどの程度の速さで読むのか，また彼らの手の使い方はどのようなものか，という疑問をいだき，熟達者を対象とした研究へと進めた。その契機が，現在は中止となった全日本点字競技大会の見学である。これは毎年11月に東京で実施されており，我が国の熟達者の読みを直接目にすることができた。そして過去の記録を手がかりに速読の部上位入賞者に直接電話をして協力を依頼し，データ収集を始めた。その対象は関東に留まらず，1997（平成9）年12月には帰省途中にある浜松，名古屋，伊勢，大阪，神戸へとビデオカメラを抱えて移動した。これらの結果は日本盲人福祉研究会（文月会）の助成を得て，「点字読み熟達者の読速度に関する研究」（『視覚障害』159号，1999）として報告した。

　今回，点字読み研究の集大成として本書を刊行できることを幸せに感ずるとともに，本書が視覚障害教育の発展に少しでも寄与できればこの上ない喜びである。

2017年1月

牟田口辰己

目　次

はじめに　ii

第一部　序　論

第1節　特別支援教育と視覚障害教育　　3
1　特別支援教育への転換と盲学校　3
2　視覚障害教育の専門性と盲学校の現状　4

第2節　点字の概要　　8
1　点字の発明と日本点字の翻案　8
2　点字の特徴　9
3　視覚障害者と点字　10

第3節　点字読速度に関する研究　　12
1　海外の研究　12
　(1) 1910〜40年代　12
　(2) 1970〜80年代　15
2　日本の研究　17
3　1980年以降の海外・日本の研究　21

第4節　我が国における点字触読指導法　　28
1　文部（科学）省による指導書　28
2　他動スライディング方式　30
3　道村による点字導入学習プログラム　32
4　原田による中途視覚障害者への点字触読指導　33
5　管による中途失明者の点字触読指導　36
6　日本点字図書館版『中途視覚障害者のための点字入門』　37

第二部　本　論

本研究の目的と構成　41

第一章　盲児の点字読速度に関する研究

第1節　横断的にみた点字読速度の発達（研究1） 46

1　目的　46
2　方法　47
　(1) 対象児　47
　(2) 読材料　47
　(3) 測定の方法　48
3　結果　48
　(1) 全対象児の読速度の発達　48
　(2) 盲学校および通常学級在籍児童の読速度の発達　50
4　考察　52
　(1) 対象児　52
　(2) 6年間の読速度の発達　53
　(3) 盲学校在籍児童と通常学級在籍児童との比較　53

第2節　縦断的にみた点字読速度の発達（研究2） 56

1　目的　56
2　方法　57
　(1) 対象児　57
　(2) 読材料と測定の方法　57
　(3) 読速度データの分析方法　57
3　結果　59
　(1) 両手読速度と速い手および遅い手による読速度　59
　(2) 読みの速い手の発達的変化　61
　(3) 読速度発達の類型　64
4　考察　68
　(1) ラテラリティの確立　68
　(2) 両手読みによる利得　69
　(3) 読速度を高める指導　69
　(4) 本研究の限界　70

第 3 節　中途失明児童の点字読速度の発達（研究 3）　72
  1　目的　72
  2　方法　73
    (1) 対象児　73
    (2) 点字指導と読速度の測定　75
  3　結果　76
    (1) 両手読速度の発達　76
  4　考察　79
    (1) 小学部高学年からの点字読速度の発達　79
    (2) 常用文字の決定　80
    (3) 集中指導の効果　80
    (4) 本研究の限界点と今後の課題　82

第 4 節　第一章（研究 1—研究 3）の総合考察　84

第二章　点字読み熟達者の読速度に関する研究

第 1 節　点字読み熟達者の読速度（研究 4）　90
  1　目的　90
  2　方法　90
    (1) 熟達者の定義　90
    (2) 対象者　91
    (3) 課題文と測定方法等　92
  3　結果　93
    (1) 最高読速度　93
    (2) 点字を読む手のタイプ　93
    (3) タイプ別にみた片手読速度の関係　97
    (4) 両手読みと片手読みの関係　98
    (5) 点字指導と両手のメリット　100
  4　考察　102
    (1) 熟達者の点字読速度　102
    (2) 点字を読む手のタイプ別にみた特徴　103
    (3) 今後の課題　105

第2節　点字読み熟達者の点字を読む手の軌跡による研究（研究5） 106

1　目的　106
2　方法　107
　(1) 対象者　107
　(2) 点字読速度の測定と点字を読む優位な手の決定　107
　(3) 分析方法　110
3　結果　111
　(1) 出現した軌跡パターン　111
　(2) 手の使い方タイプ別にみた軌跡とその特徴　117
　(3) 点字を読む手の定量的検討　125
　(4) 各タイプの比較　127
　(5) 左右差・両手の利得との関係からみた新たな分類　129
4　考察　131
　(1) 草島・熊沢による軌跡パターンの分類　131
　(2) 点字を読む手　132
　(3) 両手活用型と非両手活用型による新たな分類　133
　(4) 効率的な両手の使い方　134

第3節　画像解析による非読書時間に関する研究（研究6） 136

1　目的　136
2　方法　137
　(1) 対象者の点字読速度に関するプロフィール　137
　(2) 画像解析の方法　139
　(3) 分析方法　140
3　結果　141
　(1) 読み方別にみた非読書時間　141
　(2) 両手読みにおける読書時間　147
4　考察　150
　(1) 非読書時間　150
　(2) 両手読みによる同時読み　152
　(3) 本研究の限界点　153

第4節　第二章（研究4—研究6）の総合考察 154

第三章　効率的な両手読みを意図した点字指導法に関する研究

第1節　文部(科学)省著作国語点字教科書にみる点字触読指導法(研究7) ⸺ 160

 1　目的　160
 2　方法　161
  (1) 点字教科書からの検討　161
  (2) 点字指導に関する課題等　162
 3　結果　163
  (1) 点字教科書における点字触読導入教材の比較　163
  (2) 2011(平成23)年発行教科書に関する意見と，各校が抱える点字指導に関する課題　177
 4　考察　182
  (1) 点字指導法の改善について　182
  (2) その他改善が望まれる事項　183
  (3) 基礎基本を踏まえた点字触読指導　184

第2節　総合考察と今後の課題 ⸺ 186

 1　総合考察　186
 2　今後の課題　188

 おわりに　192
 文　献　196
 索　引　203

第一部　序　論

第 1 節　特別支援教育と視覚障害教育

1　特別支援教育への転換と盲学校

　2006（平成18）年6月の学校教育法等の改正に伴い，「特別支援教育」が学校教育法に位置づけられ，障害種別ごとに設置されていた盲・聾・養護学校の制度は，2007（平成19）年4月から複数の障害種別を教育の対象とすることのできる「特別支援学校」の制度に転換された。この転換を，1878（明治11）年開校した我が国最初の盲唖院，現在の京都府立盲学校一筋に奉職した岸博美（2010, 2012）は盲聾分離の歴史を詳細に検討した上で，視覚障害教育の「曲がり角」という表現を用いてこれを憂えている。制度転換から10年を経た現在，全国ではどのような変化が起きたであろうか。そして，岸（2010, 2012）の指摘する「曲がり角」の意味は何であろうか。

　表面上の変化は，校名の変更と対象障害種の多様化である。2016（平成28）年4月現在，全国69校のうち「盲学校」から「視覚特別支援学校」等へ名称を変更した学校は22校である。当初の勢いから一見小休止したかにも思えるが，中国・四国地区でも新たな統廃合の計画が進んでいる。さらに22校の中には視覚と知的など複数の障害種を対象とする特別支援学校が5校含まれており，盲学校と知的障害特別支援学校の児童生徒数を比較すれば，これらの変化が今後も加速することは容易に想像できる。

　香川邦生・猪平眞理・大内進・牟田口辰己（2010）は，「ある程度の在籍児童生徒数を有し，将来にわたってもそれが維持できる見通しがある学校は，盲学校から特別支援学校へと学校の名称が変わっても実質的には今までと同様な組織の維持が可能だといえるが，在籍児童生徒が少なく，今後も増加が

望めない場合や，教育委員会の考え方によっては，盲学校の敷地内に他の障害種別の児童生徒も受け入れて，『特別支援学校』の『視覚障害部門』『知的障害部門』等々と視覚障害教育を行う部門を特別支援学校内に設けるという方式や，盲学校を『県立特別支援学校（知的障害）』の分校組織として運営する学校などに転換していく」と述べている。そして，このように特別支援学校に組み入れられた場合は，視覚障害教育にかかわる専門性をどのように維持・発展させていくかが喫緊の課題であり，これまでの盲学校の組織をできるだけ維持し，地域の視覚障害者に貢献していく道を模索すべきだと指摘する。

　この状況を危ぶむ視覚障害教育に関わる大学教員有志は，視覚障害教育研究者一同名（代表：池谷尚剛日本特殊教育学会常任理事・岐阜大学教授）で2010（平成22）年11月，「すべての視覚障害児の学びを支える視覚障害教育の在り方に関する提言――視覚障害固有の教育ニーズと低発生障害に応じた新しい教育システムの創造に向けて――」（池谷，2010）をまとめ，「1. 視覚障害児の学習を保障するための必要条件（視覚に依存しない学習の方法の必要性），2. 視覚障害児の心を育てる，同じ障害のある友だちとの共同学習の場の保障，3. 視覚特別支援学校教員の専門性を保障する人事システムの確立，4. 視覚障害教育の専門性の拠点となる盲学校の存続」を関係機関に訴えている。

　実は，岸（2010, 2012）の言う「曲がり角」とは，さらなる児童生徒数の激減に起因する教師の専門性低下であり，盲学校の存在意義が問われていると言える。

2　視覚障害教育の専門性と盲学校の現状

　全国盲学校の研究組織「全日本盲学校教育研究会（略称，全日盲研）」は，毎年機関誌「視覚障害教育」を刊行している。その歴史は古く，1920（大正9）年の第7回全国盲啞教育大会で盲啞を分離して「帝国盲教育会」が誕生

し，翌年に東京盲学校で第1回大会が行われ，1925（大正14）年から「帝国盲教育」が刊行された。その後1959（昭和34）年に「盲教育」と改められ，この年を創刊号として2012年3月現在で113号を数える（2008年「視覚障害教育」に改名）。この機関誌は各時代に盲学校教育が抱えてきた課題を提供してくれる。

　なかでも，46・47合併号（全日本盲学校教育研究会，1979）は，1978（昭和53）年8月，長崎市で開催された研究大会報告と併せて「盲教育の回顧と展望」を特集した視覚障害教育100周年の節目の号として刊行された。この年は筆者が盲学校教師としてスタートした年に当たり，幸運にも長崎大会に参加する機会を得た。ここで採択されたのが「盲教育百年宣言」であり，当時全日盲研会長の本間伊三郎大阪府立盲学校長が巻頭言でその意味するところを解説している。さらにこの頃から全国的に増加してきた視覚障害と知的障害を併せ有する重複児童生徒への教育，加えて1975（昭和50）年春に公立小学校に盲児6名が入学した，いわゆる「盲児統合教育元年」直後であり，「盲教育の回顧と展望」にはこれらの時代背景を踏まえた貴重な提言が記されている。

　以来約30年が経過し，特別支援教育体制となった全日盲研の直近のテーマは，2004〜2009（平成16〜21）年度が「特別支援学校と盲学校――支援センター，専門性，特別支援学校，今後の課題・対応　盲学校の将来に向けて――」，2010・2011（平成22・23）年度が「視覚障害教育の専門性の維持と継承について」と続き，まさに「専門性」一色である。ここには盲学校勤務の長い教師による各校の苦悩する姿とその対応が記されている。

　例えば，片桐充至（2011）は，「たかが点字されど点字」のタイトルで，勤務校に点字使用の児童が19年ぶりに入学するという現実を披瀝し，点字導入指導の経験を有する教師は自身のみであり，せめて盲学校教師には点字の基礎的な読み書きはできてほしいという願いから，勤務校での点字研修について報告している。また松岡悟（2011）は，「点字を学ぶ一歩から」と題して，県に1校の盲学校にはあらゆる視覚障害に関する相談が寄せられ，自

信を持って回答できる教師が何人いるのかという不安と，点字を自由に読み書きできることが盲学校教師としての大きな自信につながるとの信念を持ち，やはり点字に関する職員研修の実践を報告している。

　このように「専門性」をあえて唱えなければならない理由はどこにあるのか。それは「準ずる教育」対象の児童生徒，いわゆる教科学習が可能な児童生徒の激減の一言につきると考える。筆者は，2012（平成24）年3月から4月にかけて，全国盲学校長会（当時会長，座間幸男東京都立八王子盲学校長）の協力の下，点字初期指導の対象児に関する調査（牟田口・進，2012）を行い，小学部を設置する盲学校66校中65校（98.5％）から回答を得た。2012（平成24）年度の新入生は88人（1校当たり1.38人）で，その対象児はわずか29人（1校当たり0.45人）であった。これに対して弱視あるいは重複児童はその2倍の59人である。また2009（平成21）年度から2011（平成23）年度に点字初期指導を行った1年生は，24人，29人，39人と変動していた。その他の学年とは，2年生以上の中途失明児あるいは知的障害を併せ持つ盲児で，それぞれ18人，24人，32人であった。さらに2009（平成21）年度から2012（平成24）年度までの各盲学校における1年対象児数をみると，いずれの年度も対象児なしが40〜46校あり，その割合は70％前後で推移していた。2012年度まで3年間連続して対象児がいない学校は25校（39.1％），4年間では19校（29.7％）に達することも明らかとなった。

第1節　特別支援教育と視覚障害教育

第2節　点字の概要

1　点字の発明と日本点字の翻案

　点字は視覚障害者が触覚（主に指先）で読む文字で，縦3点，横2列の6つの点の組み合わせ63通りで文字や数字などを表現する。点字の起源は，1822年，フランスの軍人シャルル・バルビエ（Charles Barbier; 1767-1841）が暗号用に作った縦6点，横2列からなる12点を組み合わせた記号と言われる（大河原，1954）。1829年，パリ訓盲院の生徒ルイ・ブライユ（Lous Braille; 1809-1852）は，バルビエの記号を基に6点式の点字を考案して，アルファベット，数字を完成させた。「点字」の英語による表記は braille であり，発明者ブライユの名前に由来する。ブライユの誕生日である1月4日は「世界点字デー」とされ，2009年はブライユ生誕200年の年であった。

　日本点字は，石川倉次（1859-1944）がブライユ点字を五十音に翻案したものである。当時東京盲唖学校長の小西信八は，ブライユ点字を日本で使えるよう石川らに依頼し，1890（明治23）年11月1日，石川の考案した点字が，東京盲唖学校内の点字選定会で採用された。我が国ではこの日を「日本点字制定の日」としており，100周年にあたる1990年，そしてブライユ生誕200年と石川倉次生誕150年にあたる2009年に記念切手が発行されている。また，2010（平成22）年11月1日には，東京築地にあった校舎跡地付近に「東京盲唖学校発祥の地，日本点字制定の地」を刻した記念碑が建立された。石川は，1937（昭和12）年春，78歳のときに日本点字の起源についてレコード吹き込みをしており（山口・山口，1986），ここには石川の日本点字翻案への熱い想いがうかがえる。

2　点字の特徴

　点字は触る文字であることから，普通の文字（以下，墨字という）と比較すると大きな特徴がある。

　最大の特徴は，通常の点字はカナ書きであり，漢字がないことである。したがって，墨字と比べるとその量は数倍で，例えばコンサイスの英和辞典1冊が点字本では100冊にもなり，このことが点字の欠点でもある。すべて横書きで，文字サイズは概ね一定で明朝体やゴシック体などの書体も存在しない。さらに点字には独自の表記法が定められている。助詞の「ハ」「ヘ」は発音通りに「ワ」「エ」，また「ウ列・オ列」の長音は「ー」と表記する。また，読みやすさを考慮して，「分節分かち書き」を原則とした独自の表記法が定められている。例えば，「私は東京へ行きました。」を点字では，「わたしわ□とーきょーえ□いきました。」と表記する（□は空白を入れる箇所，マス空けともいう）。これらの点字表記の規則は時代とともに移り変わり，その統一を図るため，1950年に「日本点字研究会」が結成された。現在は「日本点字委員会」と称し，現行の点字は「日本点字表記法2000年版」を基準としている。

　1970年代には，2通りの「点字の漢字」が考案された。ひとつは元筑波大学附属盲学校教諭で自身が視覚障害者である長谷川貞夫による「六点漢字」，他方は元大阪府立盲学校教諭で晴眼者の川上泰一による「漢点字」である。前者は漢字の音訓に着目し，漢字の音読みを符号化した記号を1マス目に置き，次に音読みの最初の文字，3マス目に訓読みの最初の文字を続けたもので，原則3つのマスで1つの漢字を表現する。後者は漢字の部首に着目し，漢字であることを示す点として6点の上に2点を加えた8点点字である。両者とも協会を設立してその啓発に努めている。しかし通常の文には「点字の漢字」は使用されていない。また，盲ろう者のコミュニケーションの手段のひとつに「指点字」がある。これは，左右3本ずつの指（人差し指・中指・

薬指）を用い，点字タイプライターの6つのキーに見立てて相手の指に点字を打つものである。この指点字が少しでも迅速に伝えられるよう，頻出度・打ちやすさ・読み取りやすさ・覚えやすさなどを考慮した「指点字略字」が考案されている。

3　視覚障害者と点字

　2002（平成14）年改訂の学習指導要領に新設された「総合的な学習」の影響もあり，例えば「手と心で読む」（元岡山盲学校教諭大島健甫・作，光村図書「小学国語4年」）など，点字に関する教材が検定教科書に散見されるようになった。これをきっかけに晴眼児童が点字に興味を抱き，盲学校児童に点字の手紙を書いたり，盲学校見学へと学習が発展し，正しい障害理解につながることが期待される。しかしながら，前述の通り盲学校では児童数の激減で，40人から届いた点字の手紙に1人の盲児が返事を書くという状況に陥っており，盲学校は困惑しているのも実態である。

　ところで，厚生労働省は5年ごとに身体障害者実態調査を実施しており，1996（平成8）年からその項目に「点字理解」が追加された。2006（平成18）年度調査（厚生労働省，2006）では，視覚障害者379人中，点字を理解「できる」が48人（12.7%），「できない」が268人（70.7%）で，無回答が63人（16.6%）であったという（抽出による推計値）。つまり，視覚障害者31万人中，1割程度しか点字を使用していないことになる。このことについて原田良實（2010）は，視覚障害者の少子高齢化が全国平均よりもはるかに進行しており，特に中途失明の点字理解者は今後さらに減少するのではないかと予測している。

　このように，点字の必要な視覚障害者が点字を活用しない最大の理由は，点字触読の困難さにある。さらに近年，視覚障害者や普通の印刷物を読むことが困難な人々のために，カセットに代わるデジタル録音図書の国際標準規格として，50カ国以上の会員団体で構成するデイジーコンソーシアム（本

部スイス）により開発と維持が行われている情報システムである DAISY（Digital Accessible Information System）図書の普及が著しく，視覚障害者は点字を読めなくても図書を読む（聞く）ことが可能となった。

　しかし，この現象を「点字離れ」として危惧する声は多い。「聞く読書」には落とし穴があるという。DAISY 図書を活用しているある中途失明者は，「目が見えていたときよりはるかに多くの図書を聞いている。失明してもこんなに多くの本を読めるとは思わなかった。しかし数日すると忘れてしまう。まさに右の耳から入って左の耳に抜けるという諺を実践していた。与えられた受け身のものは，努力して自主的に文字を読んで得たものとは異なることを身をもって実感させられた。（中略）紙に書かれた点字には大きな意味があり，中途失明の私が，鈍った触覚を奮い起こして点字に向かっているのはこのためなのだ」と述べた（阿佐，2010）。

　最初の点字図書館を開いた本間一夫（1999）は，我が国唯一の点字新聞「点字毎日」の意義を，「目の見えない人は，耳と指で情報を得る。耳からはラジオの情報も聞けるが，聞く行為は間違いが多い。点字は活字と同じで，正確な知識を得ることができ，必要に応じて読み替えする子も可能だ。2つの方法を持っていれば，互いに補完し合い，正確で豊富な知識を得ることができる」と述べ，指で読む点字は視覚障害者には欠くことのできないことを強調している。

　こうした点字の意義について，日本点字制定 120 年を契機にその声は大きくなっている。ましてや可能性を秘めた盲児の教育にあたる教師が，「重複障害の児童が多いから点字は必要ない，パソコンがあるので将来点字はなくなる」という安易な考えは持つべきではないと考える。

第3節　点字読速度に関する研究

　これまでの点字読書に関する研究は，①点字はどちらの手（指）で読むのが最も良いか，②最適な点字指導法とは何か，③いかにして読速度を速くするか，④点字の短縮形によってどのような問題が生じるのか，⑤読みと概念発達との関係の5つに分類することができる（Harley, Henderson, & Truan, 1979）。

　④の短縮形とは，英語圏で用いられている点字体系であり，点字初学者が用い26のアルファベットと記号からなる Grade 1, Grade 1 に省略形が加わったもので公共に使われる Grade 2, 個人的に使われるものですべての単語が数文字に圧縮される Grade 3 の3種からなる。短縮形については日本語点字で検討された報告はあるが，我が国では用いられていない。

　本節では，本論文の研究テーマである読速度そのものに直接かかわる①から③について，代表的な文献をレビューした。なおこの3点は，いずれも相互にかかわっているので，時系列で示した。

1　海外の研究

(1) 1910〜40年代

　Bürklen, K. (1917) は，点字の読みについて最初に科学的な研究をしたことで知られる。ドイツ語の書名は，"Das Tastlesen der Blindenpunktschrift" であり，Frieda Kiefer Merry (1932) によって，"Touch reading of the Blind" として英訳された（以下，Bürklen [1932] と表記）。彼は，人差し指が最も良く読める指で，中指が時々使われること，両手読みが一番速く，片手読みは

遅いこと，熟達者の指は均一な触圧で点字行を真横に進み，そうでない者は強く不均衡な触圧でのこぎり状に指を小刻みに上下に動かすことを報告した。さらに66人を対象に，左手と右手の読速度の差が20％以上の者，その差がない者に分類した結果，4分の1の人が右手と左手の読速度が等しく，4分の3は左手のほうが優れていたことから，点字読みは左手が優位であること（左手優位説）を主張した。さらに両手読みでは，左右の手が文章の別の部分（行）を併行して処理していることを示唆し，この同時処理が上手な読み手と下手な読み手のスピードの差であると説明した。

　米国では，Maxfield, K. E.（1928）が最初の点字読みの指導書を著している。多くの点でBürklen（1932）の意見に賛成したが，効果的な手の使い方については異なる立場であった。それは，右手のほうが左手より優れているということ（右手優位説）であり，両手で点字を学習できない盲児は，その子が明らかに左利きであろうと右手を訓練することが最善であると考えた。また，熟達者の多くは右手が読み終わる前に左手で先に読んでいることが観察されたこと，盲児には両手で読む指導が必要であり，指の上下動がみられるので，指先をあまり強く押さえつけないよう指導すべきであることを主張した。さらに，点字指導の導入にペグボード（点字模型）が使われていることについて，導入期に不可欠の装置ではなく，むしろ普通の点字よりかなり大きいので両手すべての指を使わなければならず，ひとつの点のみを触って上下の垂直な動きを促進することになり，その使用には否定的な考えを示した。また手の小さな盲児には，通常の点字よりも小さいものが読みやすいことも指摘した。

　Holland, B. E. and Eatman, P. E.（1933）は，読速度の速い児童と遅い児童の読みのスキルについて研究した。その結果，すべての読書時間の6～7％を次行への行移しに費やしており，読速度の速い児童が遅い児童よりもその割合は少なかったこと，読速度の速い盲児には逆行した動きがほとんどみら

れず，右手で読む者が多かったことを指摘した。また優れた読み手は，両手の人差し指が機能を分担していること，すなわち，まず左手が行頭を読み始めて，行の中央にくると，そこから行末までは左手に代わって右手だけで読み進んでくる。そして，右手が読んでいる間に左手は次の行頭を探り，右手が行末を読み終わるまで行頭で待機している（両手読みの機能分担説）と指摘した。

さらに Holland（1934）は，点字読速度と触圧の関係について，読速度の速い対象者は遅い者よりも触圧が低い傾向にあること，行末よりも行頭部分の触圧が低いこと，遅い対象者は段落の終わりで触圧が高くなる傾向があったことを示した。

Fertsch, P.（1946, 1947）は，3年生から11年生の盲児童生徒63人を読速度の速いグループと遅いグループを対象に検討した。その結果，いずれも音読より黙読のほうが速いこと，速いグループは手の機能が独立しており，一般的に左手を使って行移しをするが，遅いグループは両手を揃えて逆行するのが特徴であること，行移しには次の行頭を見つけるために両方や片方の手でひき返す方法とそれぞれの手が独立して次の行頭に手を動かす方法があること，また読みの習慣は3年生までに決まり，読書経験が増えても変わらないことを指摘した。

さらに点字読みの手の優位性についても実験的に検証した。ここでは，右手読速度が左手読速度より20％速い者を右手型，その反対を左手型，20％以内を両手型と分類した。その結果，両手型は読みが速く，右手型や左手型に比べて読速度の遅い者が少ないこと，右手型は左手型よりも速く，両手型と同じくらいの読速度であること，右手型には速い者と遅い者がほぼ同数であったが，左手型は3グループのうち最も遅く，速い者の2倍の遅い対象者がいたこと，速い者はそれぞれの手が独立した機能を持っており，右手が左手より2倍の分量を読むこと，遅いグループは右手と左手の指を接したままで読んでおり，手の独立性が乏しいことを示した。

(2) 1970〜80年代

1970年代になると，大脳両半球の機能分担の観点から点字が研究されている。

Hermelin, B. and O'Connor, N.（1971）は，点字刺激は空間的に配列されたアイテムとして脳で処理されるので，右半球でより効果的に分析されると仮定した。このプロセスはおそらく左半球で教材を言語的再コード化する以前かその最中に起こっており，もしこの仮説が事実なら，右利きの点字読者は右手より左手のほうがより正確で速く読むことができると考えた。

この仮説を検証するために，彼らは8〜10歳の14人の盲児に実験を行った結果，左手読みは右手読みより有意に速く正確であった。彼らはさらに25〜65歳までの15人の盲成人を対象に，同様の実験を行った。15人中11人が右中指より左中指が間違いは少なかった。これらの結果から，盲児は右手より左手の人差し指と中指で文章を速く読み，成人は速くはないが右手より左手の中指でより正確にランダムに提示された文字を読んだと報告し，この左手優位は空間的パターンを処理する右半球優位によるものと考えた。

Mommers, M. J. C.（1980）は，Hermelin and O'Connor（1971）の仮説を検証した。その結果，単語読みでは左手人差し指の速度が右手人差し指より速く，数字においても同様であった。中指においても類似した結果となったが，有意差はなかった。全体的にみて，左手が良い成績を示したが，個人差が大きかった。およそ3分の2の対象者は，単語読みで右人差し指より左人差し指が速かった。しかし，右手人差し指で最も速く読んだ対象者は，数字読みでは左手人差し指より多かった。正確さについては，いずれの場合も，右人差し指より左人差し指が良好であった。全体的にみて，左人差し指の優位性は単語読みにおいて最も明らかであり，一貫していた。この研究において右手読みに対する左手読みの仮説は証明されなかったが，一般的にみて単語読みでは右手読みより左手読みのほうが速く正確である傾向があると結論

づけた。

　Harris, L. J.（1980）は，健常者と視覚障害者に対して点字読みに関する実験を行った結果，右利きの視覚障害者の大多数は左手，しかも中指で点字を読むのが最も速いかあるいは正確であり，若い右利きの健常者においても，新たに点字を学習すると，やはり左手の人差し指がもっとも速く読めるようになると指摘した。その他，左手優位は点字を知らない晴眼児を対象とした研究でも報告されている（Rudel, Denckla & Spalten, 1974; Myers, 1976）。

　Mousty, P. and Bertelson, P.（1985）は，点字読みにおける手の優位性の疑問は単純に答えが見出せないとして，これは教師による指導法の相違によるものではないかと推察した。さらに彼らは両手の機能分担について研究を行った。ここでは，左右差だけでなく，速い手による片手読速度と両手読速度の関係も検討した。彼らは，RLHS（Relative Left Handed Superiority）とR2HG（Relative Two-Handed Gain）という2つの指標を用いた。前者は左右差の程度を示し，後者は速い手による片手読速度に対する両手読速度の利得を示すものである。左右差については，Bürklen（1932），Fertsch（1946, 1947）らが読速度の差20％を基準に判定しているが，その具体的な数式は示されていなかった。

　Mousty and Bertelson（1985）は，「RLHS＝（左手読速度－右手読速度）／遅い手による片手読速度」，「R2HG＝（両手読速度－速い手による片手読速度）／速い手による片手読速度」と定義した。24名に左右の手と両手で音読させた結果，片手読みにおいては，一方の手の優位性は観察されなかった。しかし，手の優位性のパターンに関しては大きくかつ信頼できる個人差があり，これは一般的な読書成績のレベルとは関係がなかった。また，どの対象者も片手読みより両手読みが速かった。両手読みの利得は，RLHSの大きさとに負の相関があった。これは，両手が文脈情報の収集に寄与していることを示唆しており，どのようにして両手読みの利得を獲得するかの疑問に答えるに

は手の動きのパターンを分析しなければならないことを指摘した。

2　日本の研究

　草島時介（1937，1983）・Kusajima（1974）は点字紙面上（前後左右の2方向）と点字紙面上への触圧（紙面への上下1方向）の2種からなる独自の触知覚運動記録装置（タキストタクトメーター）を考案して，両手の機能を分析した。

　対象者に片手読みで上下への運動を禁止して読ませたところ，何の支障もなく読めたこと，また両手読みでは両指の記録線はすべて並行して走っており，「右でも左でも読みよいほうの1本で読んでいる」という内省報告から，Heller（1895）の，右手がおよその総体像を得ながら急走し，左指が文字の輪郭に触れながら徐走するという「統合・分析触覚協働説」を論駁したことが草島の功績とされる。

　つまり，両手読みでは，左右両指は行間運動・課題場面等のときを除き，両手は常時同伴して軽く接して読んでいるが，実際に読んでいるのはどちらか片方であり，他方は読み指の援助指（同伴指）として読み指を助け，読者に安心感・安定感・確実感を与えることで読みに貢献していることを指摘した。また読みの最優秀の者は，右指が行末の一部を読んでいる間に，左指は次の行先端を模索して，ここに待ち，右指が行を読了し，逆行一掃して左右が衝突し，左指と相合し，ここでは左右は接着同伴して，前同様，両指が右進するという読みを見出した。さらに，両手読みにおける指の運動を両指の運動範囲という点から検討し，行間運動の型を以下の6型に分類した。

・行間運動の分類

① 第Ⅰ型

　　この型は右指だけを読みに用い，左指では読まないのが特徴である。左指は初めから同伴せず，右指が読み始めると同時に左指は次の行頭に縦に移動して，そこで待機する。右指がその行を読み終わると，逆行左走して

きて，次行頭に待っている左指頭と軽く衝突する。左指は，読み指としての右指が行頭に移動する方向定位の手がかりとなり，運動の無駄を省くことを助けている。

　左指は，読みの全領域においては右指を助けてはいないが，このことだけでも右指の受ける便益は大きい。

② 第Ⅱ型

　左右両指は同伴して読みを始める。行の中程へ来ると，右指はそのまま読み続けるが，左指は右指から別れて次行端で待機し，右指がその行を読み終えて逆行左走してくると軽く衝突し，前同様の運動を繰り返し，再び同伴して出発する。両指が行の中程で別れるまでは，どちらが読み指であってもよい。中程以後は，右指が読み指，左指が同伴援助指（統制指）となる。

　両指が別れるまでは主役を演ずる読み指は他の指に助けられ，左右が離ればなれになると右指のみで読みを行い，同時に左指は逆行左走して，Ⅰ型におけると同様の働きを営み，右指を助ける。左右両指が行の中程まで同伴する間は，読み指は援助指によって知覚範囲は広げられ，両指頭を接することにより，行から指をはずす不安も除かれ，課題場面が展開しても，読み指はいろいろの点で助けられる。行の終わりまで同伴せずに中程で別れることは，行の上での援助を行の中程で放棄することとなり，その協働を行の終わりまで十分に全うしていない。この意味において，左右両指の協働の効果は，行の後半部においては得られず，したがって十分能率的であるとは言い難い。

③ 第Ⅲ型

　第Ⅲ型は，行頭から行末近くまで両指で読み進め，行末は右手だけで読む。行移しは左手がやや先に開始し，右手はやや遅れて行う。左手は右手が次行頭に戻るまで待機している。

　この型は左右両指の呼応協働効果が十分能率的に発揮されている。左右のどちらが読み指であるにしても，行のほとんど終わり近くまで両指が同

伴することにより，両指は助け合って読みの効果をあげ，右指が行末の残り2，3字くらいを読んでいる間に，左指はすでに逆行・一掃運動を開始し，右指がその行を読み終えて，逆行・一掃してこようという寸前に，左指は次行端に待機している。その間に，左指は行端付近の文字認知を行い，行末と行頭の認知によって意味の体制化を行う。意味の分節が両行にまたがる場合など，両指による文字認知によってさらに文脈の支援によって意味の体制化は進められる。

　この型に属する行間運動においては，両指の協働・呼応が行いっぱいにおいて行われ，援助指としての左指が次行端において無為に長く待機していることなく，読み指としての右指の逆行到着の寸前にここにきており，両指の協働効果を十二分に発揮している。練習の積んだよい読み手は，概してこの型の行間運動を行っている。もし，読み指が左指であるなら，行末近くで読み指の役割を左指から右指に移し，右指が読み指として，行末の読みと確認と逆行・一掃運動を行い，待機する援助指と会して，再び次行の読みに移る。ただし，左右両指の触読作用の分業が反対のことが往々にしてあるが，事実上大体においてⅠ・Ⅱ型と同じである。

④ 第Ⅳ型

　第Ⅳ型に属する行間運動では，左右両指は，行の上でも行の間でも終始両指頭を接触したまま運動を続ける。行を読む場合には，終始両指頭の協働・呼応による効果をあげているが，行間において，両指の協働効果を十分発揮していない。行間で両指頭を接したままでいることは，さして効果的でないと考えられる。

⑤ 第Ⅴ型

　第Ⅴ型では，左指が終始読み指であり，右指が援助指をなしており，実際には両指を使っているとはいえ，右指は行末の小範囲でのみ同伴するのであり，左指のみで終始読むのとほとんど変わりがない。

　行間運動において，右指は行の終止を確認することにおいて援助はするが，両指の呼応・協働効果は低く，行間運動はほとんど左指のみで行うの

と大差はないと言える。

⑥ 第Ⅵ型

　第Ⅵ型に属する行間運動は，両指がめずらしい運動をするので，きわめて特徴がある。同じ行の上で，左右両指が同一行の左右両端から行の中程をめざして迫ってきて，行のある地点で軽く衝突する。すると，両指は互いに反発されたように逆行して，そこから行の両端をめざして走ってゆく。左指が行の先端に至ると，次の行の先端を求め，ここで新しく同様の運動を繰り返す。左指が行の中程をめざして右走する間，左指は行の前半を読んでおり，その間，同時に右指は行の末端から左走（逆行）してきて，その近在の句切れで左右両指は相会する。ここで，左指の読み機能は右指に渡される。右指は行の残部を読み続けると同時に，左指は行の先端へ向かって逆行運動する。左指が次行端を求めて，そこから次行を読み始めると，その行の上を右指は逆行（左走）して上述の運動を繰り返す。

　この型においては，左右両指は読み指と同伴援助指の関係に立つのではない。両指はともに読み指である。各々は，同一行の前半と後半とを分担して読むのである。一方が読むと同時に，同一行で他方が逆行し，他方が読むと同時に，一方が逆行するのである。平たく言えば，同一行の前半・後半を左右各自が片手読みしているのである。左右両腕の左右対称運動であり，筋肉運動としては実行容易なものなのである。

　これら6パターンについて，草島は，「第Ⅰ，第Ⅱ，第Ⅴ型は，両手による呼応・協働効果を十分享受しておらず，能率高き行間運動とは言い難い。第Ⅵ型も両指を使ってはいるが，実は片手読みを左右で分担したものであり，行間運動も片手読みのそれとほとんど異ならない。しかも能率も高いものではない。ただ行の中央を基点として，左右両指が集まったり，離れたりする珍現象が興味深く，また特徴的である。点字読みにおいては，なるべく両手読みを推奨したく，なお行間運動は，特に第Ⅲ型，第Ⅳ型が有効であるから，これを推奨したい」と述べている。さらに両手読みの行間運動は，毎行・毎

ページこれを繰り返しているうちに，そのやり方が次第に習慣化し，どの型を行うかが決まってくること，しかし特定の型に膠着するものではなく，事情によって型がくずれたり，また他の型へ移行することも起こってくるとも述べた。そして本研究について，適切な対象者を容易に得られずその数もごく少ないこと，実験回数も少なく，実験条件統制不備のため，結果の信頼性，妥当性，客観性は低く，数値の精緻・正確は期し難いが，大筋では概観を得ているとした。

さらに熊沢八千代（1969）も同じ方法で検討した結果，さらに次の2つの型を見出した。第Ⅶ型は，第Ⅰ型と正反対の動き，つまり左手が触読指として働き，右手は行末の部分でわずかの動きをみせるだけで停留しているパターンであり，行移しは左手のみで行う。第Ⅷ型は，行の前半は左右両指で読み進め，行の後半になると右指は読み続け，左指は次行端で待機している第Ⅱ型の変形である。左指の逆行がさらに急であり，直線的に行頭に戻る。行移しは右手のみで行う。

3　1980年以降の海外・日本の研究

Wormsley, D. P.（1981）は，Kusajima（1974）を参考にして点字を読むときの手の使い方（Hand Movement Categories; HMC）を，①右手だけで読む，②左手だけで読む，③右手で読み，左手は道しるべとして機能するように両手を使う，④次の行に動くだけではなく，読むときにも同じように両手を使う，⑤行の終わり近くまで同じように両手を使い，右手を読み終える一方で，左手は次の行を見つけ改行する，右手は欄外で左手に会うように改行し，再び両手で一緒に読む，⑥お互いの手が独立している，左手は行頭からおよそ行の半分まで読む（左手が次の行を探し出す一方で，右手は読みの作業を始める，言い換えると，両手はそれぞれの行の中程で出合い，離れ，互いに読む作業を行う），に整理した。

また，盲児の点字読速度を向上させるため，点字に墨字の読書技術を応用

した試みを行った。墨字の読速度向上訓練はより速く眼球を動かしてより多くの材料を読むことであることから，点字認識と区別した課題として，手の独立した運動の教授のみを意図した Hand Movement Training Program（HMTP）を利用し，盲児に対する訓練プログラムの効果，読速度，正確さ，理解を検討した。点字速読では，同じゴールを達成するため，手をできるだけ速く動かすように勇気づけることが必要だと述べた。

なお，Birns, S.（1976）は点字速読のステップを，①紙面を自分の行きたい方向へ，できるだけたくさんの指を使って動かす，②黙読をしながらできるだけ手を速く動かして，発声をしない，③このプロセスを2日間継続し，最低1日に10分から20分に分けて練習する，④3日目には手の動きのスピードを減少させないようにして，単語を1ページに2~3語でよいので少しずつ理解する，⑤「ストーリーの筋道（脈絡）」をつかむように心がける，⑥ストーリーにある主たる内容の関係を考える，⑦スピードを維持し，増加させる日頃の練習が必要であると指摘した。

佐藤泰正（1984）は，1963年と1980年の2度，中学生までの盲児童生徒を対象にした読速度発達の研究を行った。対象者は1963年が1,290人（視読119人を含む），1980年が572人であった。結果は両年とも概ね同様で，①一般的に学年が進むにつれて，学習期間も増えるので読速度は速くなること，②小学1年から4年までは急速に発達し，その後の伸びは緩慢になること，③正確度は小1から小3まで増加し，小3で正確度は90％になり，正確に読もうとする態度ができあがること，④性差は各学年ともみられないこと，⑤晴眼児の読速度と比較すると，小1では著しく遅く，小3以降では晴眼児の3倍から4倍の時間を要すること，⑥読速度と知能，また読速度と学力の間に相関がみられたこと，⑦中途編入者では，点字学習期間が増すにつれて読速度も増加し，先天盲児より速いことであった。

両年度を比較すると，対象者の減少は盲学校在籍者を反映したものであり，小1の1980年の読速度が1963年よりおよそ1.8倍増加していたことについ

て，幼稚部設置により点字に接する機会が早まり，実際に点字学習はしなくとも，他の触察訓練具などに早期から接することにより点字学習のレディネスが早まったために生起した結果であると推察した。そして，点字触読は初期の指導が重要であり，小学部低学年で急激な発達がみられたのは，我が国の点字初期指導が十分に実施されていることの現れであり，中途編入者が先天盲児より速かったのは，一般の小学校でいろいろ経験してから盲学校に来るので，学習のレディネスが整っていることによるものと指摘した。

　我が国では，黒川哲宇（1987）が点字を読む手と大脳半球機能との関係について検討している。黒川は，優れた読み手は右手読み優位が多かったことから，点字を速く読むには左半球の言語処理が重要な役割を果たしていることを示唆した。
　また，優れた読み手には4つの方略があったという。まず，行頭を左手だけで読み始める行動，次に行の中央で両手の人差し指を揃えて読む行動，さらに右手1本で行末まで読んでいく行動，最後に右手と左手が同時にしかも違う部分を読んでいる行動である。左手1本で読むのは右半球処理によるものである。両手の人差し指を揃えて読む両手読みでは，なぜ両手の指を揃えるかは不明としながら，かつてHeller, T.（1895）が指摘した右手が先に統合的に入力した情報を左手が分析的に処理しているのか，それとも同じ情報を左右の手が継続的に入力しているのか，後者ならば，手による入力は2チャンネルあって，それらが独立的に情報を入力しているとの仮説を示した。右手1本は左半球処理である。最後に，右手が読んでいるときと同じ瞬間に左手が別の箇所を読んでいる行動について，これは2つある入力チャンネルが独立して情報を取り入れているよい例として，今後の課題とした。そしてこれらの行動から，点字触読では左右の手が独立した入力チャンネルを持っており，しかも情報をパラレルに入力している可能性を示唆した。

　木塚泰弘・小田浩一・志村洋（1985）は，点字触読能力に優れた読み手の

触読過程を明らかにし，点字入門期における効果的な指導法を開発するため，30名の点字常用者に1マス点字63字形，2マス点字125字形を提示し，その印象を報告させた。

その結果，①1マス点字のうち，個人的要因によって反応が別れる字形の場合，触読年数が長くかつ速い読み手は左右の半マスずつに分離し，逆に触読年数が短くかつ遅い読み手は1マスを1つの図形として一体化する傾向があること，②2マスの点字においても，触読年数が長くかつ速い読み手は1マス目と2マス目を分離し，触読年数が短くかつ遅い読み手は2マスを1つの字形として一体化する傾向があることを明らかにした。

このことから，1マスと2マスのいずれの場合でも，字形を分離し，前半を読み取った段階で候補文字を限定することによって処理時間を短縮するという触読過程が想定されることを示し，そのような点字触読の方略を学習させる指導体系を確立する必要があるとした。これらの成果を受けて開発されたのが，現在の「点字指導の手引」（文部科学省，2003）における指導法であり，国語点字教科書点字導入教材（文部科学省，2011a）にも反映されている。

Foulke, E. (1991) は，点字を読む手には左右差はないという立場であった。彼は，上手な人の手は，軽いタッチで比較的速い一定のスピードで行戻りもあまりないが，未熟な人の手は遅く速さも一定でなく，触圧が強くて行戻りが多いこと，また指の動きは円運動や上下動があり，行を外れてしまうことが多いと指摘し，その結果は Bürklen (1932) や Kusajima (1974) と同じであった。

また両手の使い方について，片手しか使わない人は両手読みの人より遅いことは研究者の間で一致した結論であると述べ，片手しか使わない点字使用者は専らまれだという。また両手読みといってもその使い方はさまざまで，片手は紙押さえや次の行の発見といった点字読みには使用しない人がいる一方で，両方それぞれの手が同様にうまく読める人もおり，点字読速度と両手の読書能力の違いの大きさには有意な負の相関があった。つまり，両手の読

み能力が近ければ近いほど読速度は速く，その理由は両手で読むときにはより効果的な読書ストラテジーが使われるからであることを指摘した。

　さらにその使い方は，多くの両手読みの人は両手の人差し指を一緒にしたままで，行末に来たときに次の行頭に両方の人差し指を動かす。読書は次の行頭を見つけるまでは起こらないので，これらの行移時間の累積が読速度の実質的減少を引き起こしている。両手読みの人は，読書時間が2本の人差し指に分配されている。両手の人差し指が一緒に読み始めて行末に届く前に左手の人差し指が離れ，右手人差し指が行末まで読む間に左手は次の行頭を見つける。右手が行末にたどりつくと，左手は新しい行を読み始め，その後右手が左手に接触する。2本の指は行末に近づくまで一緒に動き，右手は今の行を最後まで行き，左手の人差し指は次の行頭を探す。片手が次の行に行くまでの間に，もう一方の手は読み続ける。こうして，読まない時間を短くしている。

　このような方法で点字を読む場合，それぞれの行は，左手だけで読む行頭，両指で読む中央部，右手だけで読む行末の3つに分けられる。中央部の長さは読み手によっていろいろであり，この時間の長さは読速度とは負の相関がある。読速度は2本の人差し指を使うことで増加するので，他の2つのセグメントよりこの部分は速く読むことができる。しかし，中央のセグメントで占められるので行の断片が減少すれば，読速度は増加する。その理由は，行頭と行末のセグメントの断片が増えることは，読書をしない時間を減らすことであり，その結果読速度は増加し，片手だけの利用によって起こる読速度の減少を超越する。このタイプで読むわずかの視覚障害者は右手の人差し指が行末に届く前に，左手で次の行の最初を読み始める。このように短いインターバルの間で，2本の人差し指は同時に別の文字を読んでいることになるこの驚くべき知覚能力はKusajima（1974）によっても観察されている。そして，明確にデザインされた実践は読み手，特に下手な人の能力を改善し，訓練によって得意な指と同じような速さで苦手の指でも読めるようになる。また，両手の人差し指で読書時間を分配することで，さらに上手に点字が読め

るような訓練が可能であると指摘した。

　Millar, S.（1997）は，点字読みには右手がいいか左手がいいかという長年続く議論と両手の機能に関する様々な仮説の解明を試みた。それは，Bürklen（1932），Kusajima（1974）らが指摘したように，両手を併行して読むと「知覚窓の拡大」となり多くの情報を同時に獲得できること，そして左手と右手が文章の別の部分（行）を同時処理していること，点字読みの最善の手とは何かというテーマである。

　まず点字読みに使う手は，Ittyerah, M.（1993）と同様，普通のラテラリティ（利き手）とは全く関係がないことを指摘した。前述した種々の知見があるのには多くの理由があり，共通した結論は，両手の使用が片手だけよりも良いということである。読み手は自分の好みとスタイルをいつも発展させていく。このように好みをひとつの要因だけに帰すのは間違いである。自分で両手読みと思っている点字使用者でさえ，両手で同量のテキストを読んでいるわけではない。右手か左手かという片手が点字に優位であるという意見は筋道の通ったものではなく，課題や材料を考慮に入れなければ，現段階で点字読みに最適の手があるという証拠は何もなく，読速度の左右差は課題要求，個人の好みと読書習慣との間の特別な相互関係に依存していると結論づけた。

　さらに熟達者の読み方は，両手が文章の2つの異なる部分を本当に同時に読んでいるか（Bertelson, Mousty & D'Alimonte, 1985; Bürklen, 1932; Foulke, 1982; Kusajima, 1974），そのような同時処理は上手な読み手と下手な読み手の速度の主たる差異となるのかを検証した。10人の対象者に文章を読ませ，指の動きをビデオ録画し，指の位置のフレーム分析を行った。その結果，この仮説は支持されなかった。片手で1文字を触りながら，もう片方の手で文字間あるいは単語間のスペースを触っている頻度が高かった。両手の同時触りは最も頻度が少なく，文字間の隙間の同時触りと違いはなかった。さらに行の始めと終わりでの両手間の時間関係の分析から，流暢さは情報の同じタ

イプを同時に形成するからではなく，両手間の機能におけるすばやい断続的交替によるものであると述べ，パラレル入力を否定した。

第4節　我が国における点字触読指導法

　我が国における点字触読指導法は，盲児あるいは中途失明者向けに提起されており，大内進（2006）と進和枝・牟田口辰己（2006）がこれらの指導法を概観している。

1　文部（科学）省による指導書

　文部（科学）省は，1975（昭和50）年，1995（平成7）年，そして2003（平成15）年の3回，点字指導の手引書を発行してきた。

　1975年版（文部省，1975）の点字触読導入は，「その1」と「その2」に分けて記述されている。「その1」は当初から実物の点字に触れさせる方法であり，「その2」はリベットのような点字模型を使用した導入方法である。この段階の主たる目的は，6点の位置の弁別であり，リベットを挿したり抜いたりする操作活動を通して学習を進める。段階的な縮小の過程を通して，リベットで1字1音の記号を操作的に組み立て，それを触覚的に弁別することによって実際の点字の弁別に結びつけることを意図していた。

　この指導法についての議論が，1968（昭和43）年に開かれた全日盲研点字部会の記録（全日本盲学校教育研究会，1968）に残っており，そのときの助言者である鳥居篤治郎（京都ライトハウス創設者）は，「点字の導入には模型を使わない方がいい。点字は形態で覚えるもの」として，この方法に批判的な意見を述べていた。またここには，書きの指導は点字盤それとも点字タイプライターのいずれが良いかの議論や，当時は弱視児も含めて全員に点字学習をさせており，1年生の終わりから弱視児にも目隠しをして点字を触読する指導が実践されていたことも記録されていた。

1995年版（文部省，1995）から，これらの指導は点字学習の基礎段階として位置づけられた。そして新たな指導法が導入された。これまで点字は1マス（6点）のまとまり，すなわち「－」「｜」「／」「＼」「L」「＜」などの線図形を最初に理解させた後，「∴」「∴」「∴」「∴」「∴」「∴」のように図形パターンとしてのとらえ方であった。しかし木塚泰弘・小田浩一・志村洋（1985）の研究において，点字読み熟達者の方略，すなわち1マスをさらに左右に分離し，継時的に入力される半マスずつを処理する方略を習得させることが有効であることが示された。この結果を受けて，次のような学習プログラムが提案された。

(1)　左半マスの3点からなる文字で，縦1列ずつに同定できる。

(2)　左半マスの3点からなる8通りの組み合わせにしたがって63字形を分類し，左側の半マスだけで，それに属する8字形が想起できる。

(3)　左側の8通りの組み合わせのうちのひとつに続いて，右側の8通りの組み合わせのうちのひとつが任意に与えられると，その字形をただちに同定できる。

(4)　2マス点字の前置符が与えられると，そのモードに分類されている字形をすべて想起でき，そのうちのひとつが任意に与えられると，2マスの字形をただちに同定できる。

　さらに点字読みの速さについての数値目標も示された。ここでは，入門期の基本的な触読学習を終了した時点で1分間に150マス程度，教科学習を普通に行うためには1分間に300マス程度，効率的に学習を行うためには1分間に450マス程度読めることが必要であり，理想的には，1分間に600マス以上の速さで読めることが望ましいとされている。

　点字を読む手については，いずれの手引書も「両手読み」を推奨しており，2003年版（文部科学省，2003）では「両手読み」の項を設け，以下のように記述されている。

　　「まず初めに両手読みの問題がある。点字を触読する場合，左手がよいか右手がよいかということが議論されることがある。触読の速さにつ

いては，左手読みと右手読みとでは，調査によって結果が異なっている。また，右手で点筆を持つ場合，左手読みができないと転写（触読写し書き）ができないという指摘がある。確かに，試験問題を読みながら解答する場合には，右手で書き，左手で読むことは重要である。しかし，点字タイプライターや点字キーボードなどを用いて書く場合には，左手読みや右手読みにこだわることは意味がなくなってくる。問題なのは，左手読みか右手読みかではなく，両手読みか片手読みかである。

片手読みの場合，どんなに速く読めても，次の行に移るときに1秒近くの時間を要する。この時間は，蓄積すれば読みの速度に大きく影響する。両手読みであれば，左手で行頭部分と次の行への移りを受け持ち，右手で行の後半を引き継いで受け持てば，次の行に移るために要する時間は全くなくなる。この場合，行の大部分の読みを得意な手が受け持てば，それが左手であろうと，右手であろうと問題はないのである。左手か右手のどちらか一方の手でしか読めない人が，後になって両手読みに移るのはかなり困難なことである。そこで，入門期から両手読みの学習を開始することが極めて大切である。」（文部科学省, 2003）。

2 他動スライディング方式

他動スライディング方式は，点字触読の入門期にみられる，①指を上下に動かすこと，②指を紙面に強く押しつけるという2つの課題を解消するために開発された指導法である（藤谷, 1986；益田・楠原, 1998）。

「他動」とは，指導者が学習者の指を持って点字の上をスライドさせて学習させる方法で，教師が盲児の指を持つことにより適切な触運動の方法を体得させることを意図している。必要なレディネスとして，①知的レベル4歳6カ月以上，②触運動の統制（直線をスムーズな触圧でたどり，終点で止めることができる），③空間概念，④点字弁別力（点字で「あ」と「め」を書いてそれぞれ触らせ，同じか違うかがわかる）の4点が挙げられている。

以下にこの指導法の特徴を示した。
(1) 当初は点字本の1行を10～15秒程度の速さで触読させる。
(2) 触圧のコントロールができないので，指導者が必ず指を持つ。
(3) 「一文字読み」の指導と既習文字による「単語読み」「句読み」を並行して指導する。清音一文字だけでア行からワ行まで指導するのではなく，習った文字から単語読みを並行して入れて行う。
(4) 他動による（指導者が盲児の指を持つ）指導では，1分間に120マス読めることを終了段階の目安とする。それまでは学習者に自発的に点字に触らせないし，単独で学習させない。
(5) 右手から指導を始める。右手読みが100マス／分程度の段階から左手読みを導入し，最終的に両手読みができるようにする。

筆者は，1996年2月24日に奈良市で開かれた研究会で，この指導法の理論的支柱である五十嵐信敬氏（元筑波大学教授）の講演を聞く機会を得た。ここで氏は他動方式の根拠について次の点を述べた。

①右手読みが速いという論文がたくさん出ており，周知の事実であること，また点字読みの熟達者の7割は右手読みであること，②利き手には関係ないこと，③手の運動は外への運動が自然であり，点字を読む左から右への運動も同様に右手のほうが自然であること，④アメリカには転写はなく，みんなボランティアが担っており，転写の理由から左手読みを重視するのは間違いであること，⑤両手分担による読みは必要なく右手が速ければよいこと，⑥右手をケガした場合や左右の手で別々のところを読む場合には，左手で読む力が必要になること，⑦したがって右手が100マス／分に達した段階で左手読みを導入する，理由は，これ以上右手の力がつくと左手読みを嫌がるからである。

これらの主張は，前述した文部（科学）省の手引書とは異なっていた。

3 道村による点字導入学習プログラム

　道村静江（2002）は長い盲学校教師としての指導経験から，独自の指導書を発行した。これは，紫外線に速乾性のあるUVインキを使用し，紫外線を照射することでインキを強制的に硬化させるUV印刷による点字を使用しており，教材が1枚ずつ取り外せるようにルーズリーフ形式となっている。以下に指導上の留意点を示す。

(1) 著作教科書にある両手読みの動作の制御と行・行間のイメージの形成のための行たどりの指導は，それらを十分に行っても文字導入の際に手の動きが止まり，行たどりの意識が薄れてしまうので，あまり効果は期待できない。文章練習に入ってある程度スピードが出てきた段階で，両手読みの手の動かし方を意識づければ十分に身に付くので，初期学習のときにそれほど意識しなくてもよい。

(2) 最初に接する点字は，米国製の点字タイプライター「パーキンズブレーラー」で書いたものがよい。理由は，点字盤や点字器よりも点がはっきりしており，1マスの大きさは他と変わりないがマス間が広いので文字が大きく感じられるからである。点字プリンターによる点字の使用は，出力される点にムラがあるので初期段階では避けたほうがよい。

(3) 初期の学習時には，ファイリングしてある冊子や製本されたものなどでの提示は避けたほうがよい。紙が浮いたりカーブしたりして，指への当たり方が一定でなく点字自体が動いて触りにくいので，平面の上に1枚ずつ置いて提示する。

(4) このプログラムの配列は，ナ行を例外として主に五十音順に文字を導入していく方法を採っている。それは，誰もが知っている五十音のどこまで読めるようになったかという到達度合いを知ることで励みにもなり，各行ごとのまとまりや規則性も見つけやすいからである。

(5) 点字を導入する際に最も難しいと思われるのが，鏡文字（左右逆対称

の点字）の区別である。このプログラムでは，導入するにしたがって増えてくる鏡文字を徹底的に復習しながら進む方法を採った。

(6) 文字を読めればいいという指導に陥らずに，指の形や置き方，動かし方に十分に気をつけた指導を行うことが大切である。最初に身に付いた指の形や動かし方はなかなか直らず，その後の読速度や学習効果に大きな影響を及ぼす。特に，指を上下に動かさない指導は大切で，指を持ってあげて真横に移動して感じさせる練習をするとよい。そのときの指の感じ方は6つの点をひとつの形として覚えさせるのではなく，縦半マスの継時的な線の構成で感じさせていく。

(7) 左右どちらでも読めるように，初期の段階から意識してひとつの課題ごとに左右とも練習させ，どちらかが優位にならないように気をつける必要がある。これは両手読みの速度向上にもつながり，ケガをしたときや転写のときなどにも役立つ。

(8) 文字導入の段階では1行あけ教材の提示がよい。行あけがないと初期の指の制御が上手にできない段階では，上下の行を触って混乱してしまう場合もある。また，1ページに多くの点字が並んでいるとそれだけで嫌気がさしてしまうことも考えられる。

(9) 点字の導入には読みと書きの指導があるが，読みにはとにかく時間がかかり，これを克服しないことには書きだけやっても実用化はできない。書きの指導は，読み指導の後半に徐々に行っていけば十分である。

4　原田による中途視覚障害者への点字触読指導

　厚生労働省が5年ごとに実施している身体障害児・者実態調査（2006）によれば，我が国の視覚障害者数は31万人であり，点字理解の割合は，視覚障害者のおよそ1割前後と推計されてきた。またこの調査に1996（平成8）年から「点字理解」の項目が加わった。これは抽出による推計値であるが，2006（平成18）年度では，点字を理解「できる」は12.7％，「できない」が

70.7％となっている。つまり，墨字を活用できないが点字も読めない中途失明者が極めて多い。このような実態から視覚障害福祉の関係者の間で，中途失明者用点字指導マニュアルの作成が進められてきた。そのひとつが，澤田真弓・原田良實（2004）による「中途視覚障害者への点字触読指導マニュアル」である。

原田良實（2010）は，中途視覚障害者の多くは中高年であり盲児に比べて触知覚がはるかに劣っていることから，当然ながら盲児の学習とは異なるとして独自の指導法を提起した。

その概要は以下の通りである。
① 垂直水平運動による触読（縦横読み）の推奨

　　6点の組み合わせである点字は，指を平らにして左から右に移動するよりも，指を少し立てて1段ずつ上から下に触るほうが理解しやすい。しかし，これは伝統的に点字を読むときにしてはならないと厳しく言われ指導されてきた指使いである。タブー視される最大の理由は，「速く読めるようにならない」からである。中高年の中途視覚障害者の点字学習にあっては，「点字を読めるようになる」ことがまず大事であり，「速く読める」ことは次の課題である。したがって，横方向だけでなく，縦方向の動きも取り入れた触読法を取り入れる。
② 形をとらえる指導

　　点字の6点の組み合わせを覚えさせる必要はなく，形と名前の結びつけ，形をとらえる指導が大切である。
③ 隙間や違いをとらえる指導

　　「点字は凸の点を触って読むもの」と思われているが，「点と点の隙間」が大事である。隙間を読むのが点の集合の認識の手がかりとなる。この隙間の有無を手がかりに，点の集合を認識するように指導する。新しい文字も，1点1点，点がとらえられなくても，今まで出てきた文字との違いがわかればよい。違いを区別することで認識していけばよいという姿勢で指導する。

④1文字1文字を確認しながら移動する指導

　1文字1文字の移動が確実にできていないと,「1文字空けなら読めるが,連続しているのは読めない」という読み方になってしまう。きちんとした指送りができるように指導する。1文字分を右にスライドすることが難しいので,「行き過ぎた,足りない,指が斜めになっている」と丁寧にフィードバックする。

⑤推測を働かせて読む指導

　触覚の鈍さを補う最大の武器は推測読みである。中途視覚障害者は日本語の文章の経験も豊富なので,推測を働かせて,点字を半分は頭で読むつもりで取り組むことが大切であり,初期指導では,「読めた」という自信が点字触読のモチベーションにつながる。

⑥読む指

　左右のどちらの指で読むかを固定する必要はない。読むのは左,書くのは右と指導される場合があるが,特別支援学校への入学や普通校・大学などの復学や進学を考えていない一般の人の日常生活では,書くことは読むことに比べてはるかに少なく,読み書きが頻繁に行われる場合を除けば,左指と右指の分業は必ずしも必要ではない。

　触知覚の良くない中高年の中途視覚障害者に,最初から左右両方の指で読む訓練をするのはストレスが大きすぎる。どちらかの指でしっかり読めるようになってから保険として両手での訓練をすればよい。

⑦点字を読む速さ

　点字を読む速さは,個人差がある。当初は点字1ページ（墨字で300字程度）をおよそ1時間かかって読めるスピードであるが,これを30分以内,15分,10分,5分と速く読めるように練習していく。中高年の中途視覚障害者では半年から1年の訓練で,1ページ10分から5分を目標にする。また,垂直・水平運動による点字学習は,速読には向かない。指が目になって,点字を読む力が向上したら,垂直・水平運動の読み方から,できるだけ垂直運動をしないように心がけ,水平運動で読むようにすると

よい。

⑧L点字（ラージサイズの点字）の導入

　我が国の標準点字は，諸外国に比べると点間，マス間が小さく，高齢中途視覚障害者が触読するのは難しい。したがってL点字の導入が望ましい。読み速度の遅い人ほどL点字のほうが読みやすく，これから点字を学ぼうとする，触知覚の良くない中高年中途視覚障害者にはL点字のほうがはるかに負担が少なく点字を学習できる。

　L点字は，概ねB5判の点字用紙をA4判に拡大した程度の大きさである。また，L点字を書くことのできる点字盤や点字プリンター，点字ディスプレーが市販されている。

5　管による中途失明者の点字触読指導

　管一十（1988）も，長く国立視力障害センターで中途視覚障害者の点字指導を実践した一人である。筆者は1975（昭和50）年から3年間，同じ施設に勤務し，その実践を実際に見てきた。管はその経験から著書で以下を指摘している。

　中途視覚障害者の点字読速度は，1分間で平均90文字が大体の完成値で，その習得期間はおよそ2年半とみてよい。20歳代で100文字，30・40歳代で80文字，50歳代で60文字である。読速度が伸びない理由としては，①高齢による学習意欲の低下や糖尿病による末梢神経障害が合併，②点の配置を基礎とした点字習得の問題（点字指導の導入は書きから行うため，点字を点の配置パターンで学習し，触読段階に上下運動が多くなり速度が遅くなる），③指導時間の絶対的な不足（リハビリテーション施設や盲学校での理療科目の学習に追いやられ，点字学習の時間が大きく不足）を挙げた。これらのことから，①文字は読めなくては意味がないこと，②日常生活では書くことより読むことのほうがはるかに多く，書こうと思えば一晩でも点字は書けるようになること，③点字の習得は，言語の習得と同様に，聞く，

話す,読む,書く,の順序に従い,読む指導から始めて,読めるようになることを目標としたい,④初期は読みから始め,左手人差し指1本,続き文字の提示,垂直読み,清音文字のみから始めること,⑤半年から1年の訓練で1ページ10分から5分を目標としており,その指導法は澤田・原田(2004)に準拠している。

6 日本点字図書館版『中途視覚障害者のための点字入門』

我が国最初の点字図書館である日本点字図書館では,中途失明者を対象とした点字指導書の初版を1955年に発行し,数度の改訂を経て2010年に発行されたのが,立花明彦・松谷詩子(2010)による『中途視覚障害者のための点字入門』である。この最大の特徴は,独習用の点字入門書として編集されていることである。点字学習は専門機関で適切な援助を受けながら行うのが望ましいが,それが不可能な視覚障害者も少なくなく,これはそうした点字学習希望者のための独習用教材として作成された。

① 独習書の継承とナビゲーションの充実

独習書へのニーズは常時あり,これに応える必要がある。独習上の精神的,肉体的負担を軽減すると同時に可能な限り学習しやすい条件を提供するためテープによるナビゲーションの充実をはかった。

② 指導する文字の範囲

独習書で入門書であることを鑑み,網羅する文字は五十音・濁音・半濁音・拗音・拗濁音・拗半濁音・数字・特殊音・アルファベット,およびよく用いられる記号数種としている。

③ 触圧に配慮したUV点字の採用

点字の学習を始めた直後は,点字を触れるときの触圧が高く,合わせて同じページを何度も読み直すことが多い。そのため,通常の点字用紙では,用紙に打ち出された点が早い時期に摩滅してしまう。これは学習の継続が困難となり,学習者の意欲を削ぐことにもつながるので,UV印刷による

点字を採用した。

④ 点字のサイズに配慮

　中途失明者に対して点字の触読を困難にしている原因のひとつは，点字のサイズにある。日本の点字サイズは海外のものに比べ中途失明者には読みにくいので，パーキンス製点字に近いサイズを採用した。用紙サイズはA4判で，1行マス数30をレイアウトの原則とした。

⑤ 浮き出し文字によるページ数の表示

　ページ表示では，点字による数字のほか墨字を浮き出させた点線文字をも併記した。

⑥ 墨字を併記

　独習書とはいえ，他者の援助を受けやすいように配慮することも必要なので，すべての点字にカナを付した。UV点字を採用したことにより，点字と墨字の併記が可能となった。

⑦ 音声による説明

　ナビゲーションテープでは，検索に考慮しチャイム音を導入するとともに，行番号で誘導指示している。指運びは「原田による触読指導法」を採用している。なお，同書の前身は1975（昭和50）年前後に市販されていた指導書『点字独習八週間』であり，Sopicという円筒形のプレーヤーで再生して音声ガイドを聞くしくみとなっている。指導書の左ページ上部にソノシート（1958年にフランスのS.A.I.P.というメーカーで開発されたきわめて薄いレコード盤）が貼り付けられており，ここにSopicを置いて独習できるようにしたものである。

第二部　本　論

本研究の目的と構成

本研究の目的

　2009年は，点字の父，ルイ・ブライユの生誕200年，そして日本点字の父，石川倉次による点字翻案150年の記念の年であり，記念切手の発行や「全日本点字競技大会」が13年振りに行われるなど，国内外で様々な祝賀イベントが開催された。一方，第一部で述べたように，平成19（2007）年度から始まった特別支援教育により，旧来の盲学校の名称が少しずつ減少するなか，視覚障害教育の専門性の維持と継承を危惧する教育関係者は多い（全日本盲学校教育研究会，2011）。専門性のひとつに点字の正しい読み書きの指導力が挙げられる。例えば平成19年度から実施されている全国学力学習状況調査点字問題を見ると，相当の点字読速度と正しい点字表記の力が必要であり，これらの指導力が担当教員には求められている（牟田口，2010）。

　ところで点字読みに関する研究は，点字が指先で触って読む文字であることから，墨字（晴眼者の文字）に比較して読速度が遅く，いかにして読速度を速くするかに焦点が絞られてきた（Harley, Henderson, & Truan, 1979）。その視点は，「点字は両手あるいは左右のいずれの手で読むのが最も良いか」（Bürklen, 1932; Holland & Fehr, 1942; Fertsch, 1947; Lowenfeld, Abel, & Hatlen, 1969; Hermelin & O'Connor, 1971; Foulke, 1991），「両手を使って読むときの効率的な手の使い方とは何か」（Kusajima, 1974; Wormsley, 1980; Wright, Wormsley, & Kamei-Hannan, 2009），さらに「盲児に対する効果的な指導法とは何か」（文部科学省，2003）の3点である。

　点字読みに用いる手に関する研究では，ドイツのBürklen（1932）の左手優位説を皮切りに，その後米国ではHolland and Fehr（1942）やFertsch

（1947）らが右手優位説を唱えた。1970年代に入ると，大脳半球の機能差という観点から点字読速度が分析され，Hermelin and O'Connor（1971）は左手優位であることを指摘した。一方，Foulke（1991）やLowenfeld, Abel, and Hatlen（1969）らは，手による読速度の差はないという。

　また点字を読むときの手の使い方について，Wormsley（1980）とWright, Wormsley, and Kamei-Hannan（2009）はKusajima（1974）を参考に，片手読みには右手と左手の2つが，また両手を使用する読み方には，①すべて右手で読み，左手は行頭を確認するだけの読み方（the left marks pattern），②行移し動作も含め，常に両手を併行させる読み方（the parallel pattern），③行末近くまでは両手を併行させているが，左手が先に次の行頭を見つけて待機し，右手が遅れて行移しをする読み方（the split pattern），④左手が行頭から行の中程まで読み，行の後半は右手が読む左右の手が独立した読み方（the scissors pattern）の4つに分類した。

　このような手の使い方と読速度の関係について，両手を使う読み方は片手だけより速いこと（Bürklen, 1932; Millar, 1984; Mousty & Bertelson, 1985; Foulke, 1991），さらに両手読みについて，優れた点字使用者はまず左手が行頭を読み始め，行の中央にくると行末までは左手に代わって右手だけで読み進め，右手が読んでいる間に左手は次の行頭を探るという左右の手が別々の機能を持たせた読み方をしており，前述したthe scissors patternが効率的であるとされている（Bertelson, Mousty, & D'Alimonte, 1985; Millar, 1987; Foulke, 1991; Davidson, Appelle, & Haber, 1992）。

　我が国では木塚（1999）が，片手読みでは行末から次の行頭まで指先を移動する時間が大きなロスを生じるが，左手が行の前半を受け持ち，右手は行末を読んでいるうちに，左手で次行の行頭を読み始めればよいこと，左手と右手の受け持ちの割合は得意なほうを多く読ませればよいこと，速く読めるようになれば2行をある時期平行して読み，記憶でつないでいけるようにもなることを指摘した。これらを踏まえて，文部科学省（2003）は，「左手で行頭部分と次の行への移りを受け持ち，右手で行の後半を引き継いで受け持

てば，次の行に移るために要する時間は全くなくなる」と，点字指導における効率的な両手読みについて述べている。しかし教育現場ではこれらの指導書以外にも様々な方法が実践されており，特定の手を主体にした指導法も存在している（進・牟田口，2006）。

そこで本研究では，まず盲児の点字読みスキルの習得過程の特徴を明らかにするため，小学部1年生から点字を使用してきた盲児（先天盲児）の読速度を検討し，さらに両手を使った読み方，左右の片手だけを使った読み方による読速度データから読速度の左右差と両手読速度の関係を検証する。また，4年生以降から点字を学習した中途失明児童の読速度について，先天盲児との比較を行う。次に，我が国の点字読み熟達者を対象に，熟達者はどの程度の読速度であるか，彼らは点字を読む際にはどのような手の使い方をしているのかを検証する。これらの結果を踏まえて，熟達者から得られた効率的な両手の使い方を獲得させるための点字指導について考察する。

なお，本論では「点字読みスキルの習得過程の変容」の意味で，「発達」の用語を用いることとする。

本研究の構成

上述した目的に基づき，本研究の本論は以下の内容で構成される。

第一章では，筆者が収集した1985（昭和60）年4月から2002（平成14）年3月まで盲児の読速度データを用い，まず小学部6年間の横断的な読速度の発達を検討した（研究1：第1節）。次に6年間継続してデータが得られた21名を対象に，両手読速度と左右の手による片手読速度を比較することによって，点字読みの優位な手の決定時期と両手および左右の読速度の発達的特徴を明らかにした（研究2：第2節）。そして，小学4年生以降から点字学習を開始した中途失明児と先天盲児群と比較することにより，中途失明児の読速度について検討した（研究3：第3節）。

第二章では，1分間の読速度が351文字を超えた対象者を熟達者と定義し，

我が国の熟達者の読速度，特に左右の読速度と両手読速度の比較から，熟達者の読速度を検討した（研究4：第1節）。次に，熟達者が点字を読む手の軌跡パターンを検討し（研究5：第2節），さらに画像解析を用いて非読書時間（いわゆるロスタイム）の検討を行った（研究6：第3節）。これらをもとに，熟達者の効率的な両手の使い方について論じた。

　第三章では，第二章で得られた効率的な手の使い方を獲得させるために必要な点字指導法を考察することを目的に，全国盲学校で使用されてきた文部科学省著作点字教科書1年第1巻の点字導入教材の内容を検討し（研究7：第1節），これらの結果をもとに，さらに改善できる点字指導法を提案して，総合考察を行った。

第一章　盲児の点字読速度に関する研究

第1節　横断的にみた点字読速度の発達（研究1）
第2節　縦断的にみた点字読速度の発達（研究2）
第3節　中途失明児童の点字読速度の発達（研究3）
第4節　第一章（研究1―研究3）の総合考察

第1節　横断的にみた
　　　　点字読速度の発達（研究１）

1　目　的

　触覚は視覚と比べて空間情報の処理能力が低く，点字の読みは墨字より多くの時間を要する。そのため，盲学校では伝統的に点字の読み書きの指導に重点が置かれてきた。特に読みの指導においては導入段階の重要性を考慮し，触運動の統制と触覚による弁別学習や両手読みの動作の制御に関する周到なスモールステップによる学習課題が設定されている（文部科学省, 2011a）。さらに読み書き能力を身につけさせるため，盲学校では「点字競技会」を長年実施してきた。「読み（速読）」は１分間に読んだ正答文字数である。「書き」は２分間に書くことのできた正答文字数であり，ア行からワ行までを繰り返し書き進める「50音書き」，テープに録音された文章を聴きながら正しく書き取る「聴写」，点字で書かれた文章を読み取ってその通りに書き写す「転写」の３種目からなる。

　各盲学校では定期的に校内点字競技会を開き，さらに全国盲学校長会主催の「全国盲学生点字競技会」が２年に１度，現在も実施されている。筆者が勤務していた盲学校小学部においても校内点字競技会を毎学期末に実施し，終業式には各児童にその結果を知らせ，点字の読み書きの力を伸長させる取り組みを行ってきた。

　そこで，この研究１（第１節）では，1985（昭和60）年４月から2002（平成14）年３月までの点字競技会速読の部で記録されたすべてのデータをもとに，小学部１年（７歳）から６年（12歳）までの盲児の点字読速度発達の概

要を把握することを目的に実施した。なお，盲学校在籍児の他に，通常の学級（以下，通常学級）で学習する盲児も対象としたので，その結果もあわせて検討した。

2　方　法

(1) 対象児

1) 対象児数

対象は，1985年4月から2002年3月までの17年間にX盲学校小学部に在籍していた33人と，通常学級で点字を用いて学習していた7人で，全員が1年から6年までの読速度データが継続して得られた40人である。

2) 対象児の教育課程

対象児に対して知的レベル等の標準検査は実施していないが，いずれも準ずる教育課程を履修していた。

3) 通常学級在籍児

本研究の通常学級在籍児は，全員がX盲学校に毎週1回通級する形態の教育相談を受けていた。その内容は，点字の読み書きの他，算盤，理科の実験，歩行などの指導であった。なお，中学は全員が盲学校へ進学した。

(2) 読材料

毎年3回の校内点字競技会速読の部で使用した読材料は，文部科学省著作点字教科書の原典となっていた光村図書以外の国語教科書やその他の低学年用の読み物（説明文）から精選し，これらを点訳して作成した。毎回，1年から6年まで同一の課題文を使用したが，対象児が在学中に同一の読材料にあたらないよう6年間18回分を準備した。

これらの読材料をパソコン点訳し，点字プリンター（NEW ESA721，ジェイ・ティー・アール）で片面（32マス17行）に印刷した。1ページの文字数はカナ文字（墨字）換算で300〜350文字であった。なお，内容の理解は問うておらず，読材料の詳細な難易度の検討は実施していない。

(3) **測定の方法**

年3回実施した点字競技会のうち，3学期末に測定した値をその学年における代表値とした。

読み方は，読材料の1行目行頭に両手の人差し指を置かせ，できるだけ速く音読するように指示した後，普段の読書習慣にしたがって音読させた。「用意」の合図で上記の姿勢をとらせ，「はじめ」の合図で読材料を音読させ，1分後に「やめ」の合図で音読を中止させた。この間にあらかじめ準備しておいた採点用紙を用い，1分間に読んだ正答文字数（文字／分）を算出した。

3　結　果

(1) **全対象児の読速度の発達**

Table 1-1 は，対象児を盲学校在籍児と通常学級在籍児に分類し，全対象児における6年間の読速度を示したものである。また，就学の場別に各学年の平均読速度と標準偏差，および中央値と最高読速度・最低読速度を求めた。

ここで盲学校と通常学級在籍児の各学年における読速度についてコルモゴロフ・スミルノフ検定による正規性の検定を行った結果，いくつかの学年に正規性が認められなかった。そこで各学年の読速度の比較にはフリードマン検定を用いた。

その結果，学年の効果は有意であった（$x^2(5)=181.52$, $p<.01$）。シェッフェの対比較によれば，隣接学年を除く学年間の読速度の差が有意であった（1年と3年 $x^2(5)=21.79$，1年と4年 $x^2(5)=51.15$，1年と5年 $x^2(5)=95.75$，1年と6

Table 1-1　全対象児における 6 年間の読速度

（文字／分）

	対象児	1年	2年	3年	4年	5年	6年
盲学校在籍児	1	23	67	153	185	185	225
	2	53	132	148	183	169	216
	3	10	88	149	215	224	265
	4	80	162	210	215	224	371
	5	114	92	143	200	193	214
	6	94	173	232	262	343	321
	7	60	208	236	310	274	301
	8	4	44	153	218	268	288
	9	23	83	171	206	291	272
	10	80	119	174	195	242	242
	11	48	108	155	218	260	210
	12	148	246	264	224	249	347
	13	71	96	143	161	178	245
	14	60	107	162	213	224	240
	15	98	126	175	196	240	250
	16	34	154	152	232	289	258
	17	50	108	149	182	189	247
	18	52	138	157	215	321	285
	19	3	125	91	118	198	194
	20	41	67	139	152	215	230
	21	59	82	91	126	144	210
	22	32	81	142	258	200	292
	23	126	220	272	327	381	344
	24	90	134	208	244	279	283
	25	24	45	66	127	135	210
	26	46	89	120	150	158	193
	27	81	97	130	140	179	215
	28	46	65	94	135	138	170
	29	40	79	111	148	157	178
	30	26	113	161	161	215	212
	31	93	186	199	257	274	329
	32	10	40	143	154	174	222
	33	12	55	101	111	148	157
	平均読速度	55.5	113.0	157.4	195.1	223.0	249.6
	標準偏差	35.7	50.4	47.4	52.2	60.4	52.7
	中央値	50	107	152	196	215	242
	最高読速度	148	246	272	327	381	371
	最低読速度	3	40	66	111	135	157
通常学級在籍児	1	14	97	107	108	194	202
	2	50	96	90	130	166	179
	3	19	81	98	124	188	176
	4	71	92	141	154	207	177
	5	80	107	88	145	177	194
	6	77	77	127	164	222	250
	7	26	121	144	111	192	252
	平均読速度	48.1	95.9	113.6	133.7	192.3	204.3
	標準偏差	26.4	13.9	21.9	19.8	17.1	30.8
	中央値	50	96	107	130	192	194
	最高読速度	80	121	144	164	222	252
	最低読速度	14	77	88	108	166	176

年 $x^2(5)$=123.91, 2年と4年 $x^2(5)$=20.42, 2年と5年 $x^2(5)$=51.15, 2年と6年 $x^2(5)$=72.22, 3年と5年 $x^2(5)$=26.18, 3年と6年 $x^2(5)$=41.78, 4年と6年 $x^2(5)$=15.84, いずれも $p<.01$)。

(2) 盲学校および通常学級在籍児童の読速度の発達

ここでは入学時から盲学校に在籍していた児童33人と通常学級に在籍した児童7人の2群に分類して点字読速度の発達を検討した。

1) 盲学校在籍児童

Fig. 1-1 の各学年の右に示したのが,盲学校在籍児童の結果である。

1年時の平均読速度は55.5文字／分（SD=35.7),また中央値は50文字／分,最高読速度は148文字／分,最低読速度は3文字／分であった。

2年時の平均読速度は113.0文字／分（SD=50.4),また中央値は107文字／分,最高読速度は246文字／分,最低読速度は40文字／分であった。

3年時の平均読速度は157.4文字／分（SD=47.4),また中央値は152文字／分,最高読速度は272文字／分,最低読速度は66文字／分であった。

4年時の平均読速度は195.1文字／分（SD=52.2),また中央値は196文字／分,最高読速度は327文字／分,最低読速度は111文字／分であった。

5年時の平均読速度は223.0文字／分（SD=60.4),また中央値は215文字／分,最高読速度は381文字／分,最低読速度は135文字／分であった。

6年時の平均読速度は249.6文字／分（SD=52.7),また中央値は242文字／分,最高読速度は371文字／分,最低読速度は157文字／分であった。

回帰直線は y=38.23x+31.78 であり,相関係数は r=.98 を示し,有意であった（$F(1,5)$=128.93, $p<.01$)。

次に各学年の読速度についてフリードマン検定を行った結果,学年の効果は有意であった（$x^2(5)$=145.52, $p<.01$)。シェッフェの対比較によれば,隣接学年を除く学年間の読速度の差が有意であった（1年と3年 $x^2(5)$=18.05, 1年と4年 $x^2(5)$=42.99, 1年と5年 $x^2(5)$=75.65, 1年と6年 $x^2(5)$=98.71, 2年と4年

$x^2(5)=18.33$,2年と5年 $x^2(5)=41.25$,2年と6年 $x^2(5)=58.69$,3年と5年 $x^2(5)=19.80$,3年と6年 $x^2(5)=32.34$,4年と6年 $x^2(5)=11.42$,いずれも $p<.01$)。

2) 通常学級在籍児童

通常学級在籍児童の結果は,Fig. 1-1 の各学年の左に示した。

1年時の平均読速度は48.1文字／分($SD=26.4$),また中央値は50文字／分,最高読速度は80文字／分,最低読速度は14文字／分であった。

2年時の平均読速度は95.9文字／分($SD=13.9$),また中央値は96文字／分,最高読速度は121文字／分,最低読速度は77文字／分であった。

3年時の平均読速度は113.6文字／分($SD=21.9$),また中央値は107文字／分,最高読速度は144文字／分,最低読速度は88文字／分であった。

4年時の平均読速度は133.7文字／分($SD=19.8$),また中央値は130文字／分,最高読速度は164文字／分,最低読速度は108文字／分であった。

5年時の平均読速度は192.3文字／分($SD=17.1$),また中央値は192文

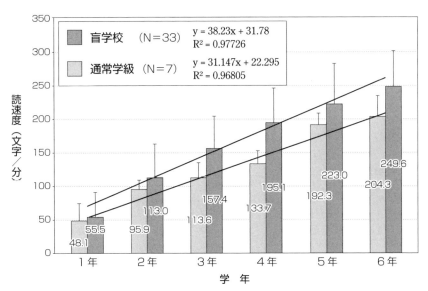

Fig. 1-1 盲学校在籍児と通常学級在籍児との点字読速度発達の比較

字／分，最高読速度は222文字／分，最低読速度は166文字／分であった。

6年時の平均読速度は204.3文字／分（SD=30.8），また中央値は194文字／分，最高読速度は252文字／分，最低読速度は176文字／分であった。

回帰直線はy=31.147x+22.295であり，相関係数はr=.97を示し，有意であった（$F(1,5)$=90.90, $p<.01$）。

次に各学年の読速度についてフリードマン検定を行った結果，学年の効果は有意であった（$x^2(5)$=28.12, $p<.01$）。シェッフェの対比較によれば，1年と5年（$x^2(5)$=15.56, $p<.01$）および1年と6年（$x^2(5)$=18.09, $p<.01$）の読速度に有意差がみられ，その他の学年間では有意でなかった。

3）盲学校在籍児童と通常学級在籍児童の読速度の比較

ここでは，就学の場（盲学校と通常学級）の違いによる学年間の読速度を比較した。

各学年別に，就学の場（盲学校と通常学級）の読速度についてマン・ホイットニーのU検定を行った結果，3年（z=2.78, $p<.01$），4年（z=2.90, $p<.01$），および6年（z=2.12, $p<.05$）で両者の読速度の差が有意であったが，1年（z=0.24, $p>.10$），2年（z=1.22, $p>.10$），5年（z=1.19, $p>.10$）は有意でなかった。

4 考 察

(1) 対象児

本研究では小学生の点字読速度発達の概要の把握，すなわち資料的意義を第一の目的としたが，継続して読速度のデータが得られたのは17年間でわずかに40人であった。この他に，教育課程が「下学年適応」の対象児や，「準ずる」教育課程であっても一部のデータが欠落した対象児がのべ120人余りおり，それらを活かすことができなかった。しかし，全国盲学校小学部

の在籍状況を考えあわせると，資料的価値はあると考える。また，対象児に知能検査などの標準検査は実施できなかった。2016年現在，全員が大学もしくは盲学校専攻科に進学後，教員や理療師として社会的に自立しており，「準ずる」教育課程の妥当性はあると判断した。

(2) 6年間の読速度の発達

6年間の発達をみると，盲学校在籍児と通常学級在籍児のいずれもほぼ直線的な発達をしていることが指摘できる。1年1学期は，文字の弁別や行移し運動など点字触読導入の指導が主となる。一定程度の速さでどうにか文章を読むことができ，点字教科書を使用した学習が可能になるのは，早くて1学期の半ば，遅い場合は2学期になることも珍しくない。点字指導書（文部科学省，2003）には入門期の学習終了時の読速度が示されており，これによれば1分間に150マスとある。これはおよそ100〜120文字に相当する。

本結果では盲学校在籍児は2年終了時点，通常学級在籍児では3年終了時点でようやくこの目安に到達できると言える。その後は，1年間に30文字から40文字のペースで伸長していた。墨字と異なり，漢字のないカナ表記の点字は一旦文字を習得すれば高学年の内容も読むことが可能であり，このことは漢字のない点字の利点とも言えよう。さらに佐藤泰正（1984）は盲学校の児童生徒1,290名を対象に実施した点字読速度発達の研究から，学年が進むにつれて読速度は速くなること，小学1年から4年までの発達が著しく，その後発達の速度は緩慢になることを指摘している。佐藤（1984）の読速度測定は課題文を黙読させた後で理解度を問う方法であり本調査とは異なるが，学年が進むにつれて読速度は速くなるという結果は同じであった。

(3) 盲学校在籍児童と通常学級在籍児童との比較

通常学級の対象児は，X盲学校が昭和60年度から「盲学校のセンター的機能」の一環として先導試行的に取り組んできた通級指導対象の盲児である。彼らは週1回の頻度で来校し，点字をはじめ歩行や触察など，在籍する小学

校では指導が行き届かない，盲児に必須であるスキルの獲得を目指していた。

　結果は極めて興味深いものとなった。それは盲学校在籍児童では隣接学年を除く学年間の読速度に有意差があったのに対し，通常学級在籍児童では1年と5年および1年と6年の読速度間にしか有意ではなかったことである。このことは通常学級在籍児童が盲学校在籍児童に比べて，6年間の読速度発達が緩やかであることを示しており，これは両者の回帰直線の傾きの違いからも指摘できる。さらに，同学年における両者の読速度を比較すると，低学年ではその差はみられないが，中学年以降になると両者の読速度に有意差が現れている。

　盲学校在籍児童は，小学部入学後から点字触読指導を開始することが多い。通常学級在籍児童の場合，小学校には指導できる教師がいないことに加え，すぐに晴眼児と一緒に教科指導を受けることができるよう，小学校就学前に点字導入指導が行われることが多い。したがって，低学年で読速度に差がみられなかったことは，その就学前指導の成果の現れではないかと推察される。今回の通常学級在籍児童は継続して盲学校の教育相談を受けており，その指導は点字読みの向上を最重点事項としていた。換言すれば，盲学校在籍児童と同じ指導を受けていたと言える。それでも学年が進むにしたがって読速度に差が出たのは，点字使用の頻度によるものと推察される。ある通常学級在籍児童は，小学校で点字を使用するのは教科書を読むときに限られ，テストや作文など，担任教師に提出するものはすべて通常の文字（墨字）であった。また盲学校に来る楽しみを，「盲学校には点字図書がたくさんあり，それを借りられること」と答えた盲児がいた。

　研究1で取り上げた通常学級在籍児童は，盲学校の指導を受けることができていた。しかし，現在の盲学校では，センター的機能を担う教師でさえ，過去に点字導入の指導経験がない場合があるという。このような盲学校教師の専門性の課題に加えて，加藤俊和（2013）は「小学校入学時は弱視で墨字教科書を拡大して使用していても，10歳頃から点字教育が必要な児童に点字教科書が行き渡っていないのではないか，盲学校ではまがりなりにも墨字

から点字への順次移行を図っていこうとするが，一般校では巡回教員がいてもそこまでの時間がとれず，不十分なままになっている．英語教育の低年齢化も進もうとしているなかで，英語をはじめ数学式や楽譜も含めた専門的な点字指導がおざなりになっている」ことを指摘した．

　我が国もインクルーシブ教育への方向に向かうなか，盲児童数の激減と盲学校教師の専門性を含めた点字教育に関する課題が今後顕在化することが容易に予想される．

第2節　縦断的にみた
　　　　点字読速度の発達（研究2）

1　目　的

　点字を触読するには右手がよいか左手がよいか，あるいは両手がよいかの問題は古くから議論されてきた。Bürklen（1932）は，対象者に片手で点字を読ませ，20％の読速度の差異の有無によって右手優位と左手優位，左右の優位がないの3群に分類した結果，左手優位の対象者が多く，読速度も速いことを指摘した。その後，Holland and Fehr（1942）と Fertsch（1947）が同様の手続きで研究を行った結果，Bürklen（1932）とは逆に右手優位の者が多く，読速度も速いと述べている。

　1970年代に入ると，大脳半球の機能差という観点から点字読速度が分析され始めた。Hermelin and O'Connor（1971）は，盲児は文章読みの場合，右手より左手の人差し指もしくは中指が速く，盲成人では速度は遅いが右手より左手の中指が無意味文字を正確に読んだことから，空間的パターン処理に関して，これらの左手優位は大脳右半球優位によるものと考えた。さらに，点字を知らない晴眼児に点字を刺激として提示し，左手優位を示した研究も報告されている（Rudel, Denckla & Spalten, 1974; Myers, 1976）。一方，Harris（1980）は，盲児に左右いずれかの中指で点字を読ませたところ，左手を好む盲児には強い左手優位がみられたが，右手もしくは両手を好む盲児には手の優位性はなかったと報告している。さらに黒川哲宇（1987）は読速度の速い盲人には右手優位が多いことから，機能的な点字処理は大脳左半球で処理されていることを示唆した。こうしてみると，大脳半球の機能差の観点から

点字読みにおける手の優位性を説明することは困難であることが推察される（Mousty & Bertelson, 1985）。

　点字の読みは両手読みが基本とされており（文部省，1995），盲学校の指導においては導入段階から左右それぞれの手を使い，しかも速く読めるような指導が行われている。しかし，左右の手の読速度に差異のある盲児もしばしば観察される。そこで研究2（第2節）では，7歳から12歳までの6年間に実施した点字読速度の縦断的データから，両手読みおよび片手読みによる点字読速度の発達的特徴を明らかにすることにした。

2　方　法

(1) 対象児

　1986（昭和61）年度から1995（平成7）年度までに盲学校に在籍した盲児のうち，1年から6年までの6年間継続してデータが得られた盲男子13人，盲女子8人の合計21人である。

(2) 読材料と測定の方法

　研究1（第1節）と同一である。

(3) 読速度データの分析方法

1）左右の手による片手読速度の優位性

　片手読みによる読速度の差異を検討するため，点字を読む手の優位性を示す相対的指標，RLHS（Relative Left Handed Superiority; Mousty & Bertelson, 1985）を用いた。この値は次式により算出される。

$$RLHS = (左手読速度 - 右手読速度) / 遅い手による片手読速度$$

RLHSは，読速度の速い手が左手であれば正の値で，右手であれば負の値で表される。RLHS=0.5とは，読速度の速い手が左手であり，その読速度が右手の1.5倍であることを示す。本研究では先行研究（Bürklen 1932; Fertsch, 1947; Mousty & Bertelson, 1985）にならい読速度の左右差が20％，すなわち，RLHS=0.2を基準として，この値を超えると左手優位のL型，−0.2より小さい値であれば右手優位のR型，±0.2以内なら左右差の少ないB型と定義した。例えば，右手読速度が100文字，左手読速度が120文字の場合，RLHS=0.2となりB型と判定される。

【手のタイプの定義】

> B型：左右の読速度の差が20％以内のもの。
> R型：右手読速度が左手より速く，その差が20％を超えるもの。
> L型：左手読速度が右手より速く，その差が20％を超えるもの。

2) 両手の利得

Foulke（1991）は左右の手の触読機能の差異が小さいほど点字読速度が速いことを指摘した。その理由として，両手読みを行うと効率のよい触読ストラテジーが使われているからであると推察した。

そこで，両手読速度と速い手による片手読速度の関係をみるために，R2HG（Relative Two-Handed Gain; Mousty & Bertelson, 1985）を求めた。R2HGとは，速い手による片手読速度に対する両手読速度の利得を示す指標であり，次式により算出される。

> R2HG＝（両手読速度−速い手による片手読速度）／速い手による片手読速度

R2HGが0であれば両手読速度と速い手による片手読速度は同じであり，0.2は両手が速い手による片手読速度の20％増であることを意味している。逆に−0.2であれば両手が速い手による片手読速度より20％減となる。すなわち，R2HGは速い手による片手読速度に対する両手読速度の増減の割合を表している。なお，本研究における読速度データの分析には57・58ページに示した定義（手のタイプ，RLHS, R2HG）を使用した。

3) 分析方法

読速度について，個人内計画2要因分散分析（年齢×読み方［両手読み，速い手による片手読み，遅い手による片手読み］）を行った。

3　結　果

(1) 両手読速度と速い手および遅い手による読速度

Fig. 2-1は各学年における両手読み，速い手による片手読み，遅い手による片手読みにおける21人の平均読速度を示したものである。速い手による片手読みを△印，遅い手による片手読みを▲印，両手読みは○印で表した。それぞれ3つの平均読速度と年齢の相関係数は，$r=0.99$（$t=17.849$, $df=122$; $p<.005$）を示し，回帰直線は両手読みが$y=36.3x+27.8$，速い手による片手読みは$y=35.1x+21.70$，遅い手による片手読みは$y=17.7x+17.64$であった。両手読みと速い手による片手読みの勾配はそれぞれ36.3と35.1を示し，読速度の発達の割合はほとんど変わらないことがわかった。それに対し，遅い手による片手読みの勾配は17.7であり，両手読みおよび速い手による片手読みの読速度の1/2以下であった。

次に，読速度について個人内計画2要因分散分析（年齢×読み方［両手読み，速い手による片手読み，遅い手による片手読み］）を行った結果，交互作用が有意であった（$F(10,200)=27.58$, $p<.01$）。水準別誤差項を用いた単純主効果

検定の結果,いずれの読み方とも年齢条件間に有意差があった(両手読み $F(5,100)=143.52$, $p<.01$;速い手による片手読み $F(5,100)=122.72$, $p<.01$;遅い手による片手読み $F(5,100)=41.67$, $p<.01$)。さらに読み方ごとに年齢間の比較を行うため LSD 法による多重比較を行った結果,両手読み($MSe=680.98$, $p<.05$)および速い手による片手読み($MSe=746.80$, $p<.05$)において各年齢間との平均読速度の差がいずれも有意であった。また,遅い手による片手読み読速度($MSe=557.82$, $p<.05$)では,8歳と9歳間および9歳と10歳間を除き,いずれの年齢間においても平均読速度の差が有意であった。

次に,年齢別に読み方における単純主効果を検定した結果,各年齢条件は読み方との要因間に有意差があった(7歳 $F(2,40)=18.93$, $p<.01$;8歳 $F(2,40)=30.43$, $p<.01$;9歳 $F(2,40)=40.10$, $p<.01$;10歳 $F(2,40)=53.63$, $p<.01$;11歳 $F(2,40)=52.36$, $p<.01$;12歳 $F(2,40)=61.16$, $p<.01$)。そこで,年齢ごとに読み方間の比較を行うため LSD 法による多重比較を行った結果,いずれの年齢条件とも両手読みおよび速い手による片手読み読速度の間には有意差がなかっ

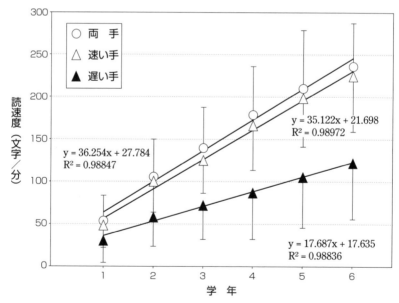

Fig. 2-1　点字読速度の発達 (N = 21)

たが，両手読みと遅い手による片手読み，速い手による片手読みと遅い手による片手読みの読速度間に5％水準で有意差があった（7歳 MSe=160.84，8歳 MSe=459.45，9歳 MSe=689.12，10歳 MSe=982.09，11歳 MSe=1358.30，12歳 MSe=1342.14）。

以上の結果から，点字読速度は両手読みと速い手による片手読みでは年齢が高くなるにしたがって有意に向上すること，遅い手による片手読みでは8歳と9歳間および9歳と10歳間を除いて有意に向上すること，さらに，点字学習を開始した7歳段階で左右の手の点字触読能力に差異が生じることがわかった。

(2) 読みの速い手の発達的変化

片手読みによる読速度の差異について対象児別に検討するため，各学年におけるRLHSの値から優位な手の変動をみた。

1年次点では，L型が9人（42.9％）と最も多く，B型は8人（38.1％），R型は4人（19.0％）であった。その後，B型は年齢が増加するにしたがって減少し，4年次点では2人（9.5％）となった。このB型の減少に呼応してR型が増加していた。一方，L型は3年次点で11人（52.4％）に増加したが，B型，R型に比べて大きな変動はみられなかった。6年次点では，B型が5人（23.8％），R型が6人（28.6％），L型が10人（47.6％）であった。

さらに詳細に検討するため，対象児別に型の変動をみた。Fig. 2-2は対象児別の各学年次におけるB・R・L型の推移である。21人のうちRLHSの型が6年間変動しなかったのは，B型が1人（4.8％），R型が3人（14.3％），最も多かったのはL型でその数は8人（38.1％）であった。これは，R型とL型の11人（52.4％）の対象児が点字学習を開始した1年段階で読速度の速い手が確定していたことを示している。他の9人（42.9％）は，B型，R型，L型のいずれかへ変動していた。このうち2人（9.5％）は，3年次点でB型からR型へシフトしていた。また別の2人（9.5％）は，B型からL型へシフトしていた。すなわち，この4人は2年から4年までに読速度の速い手が

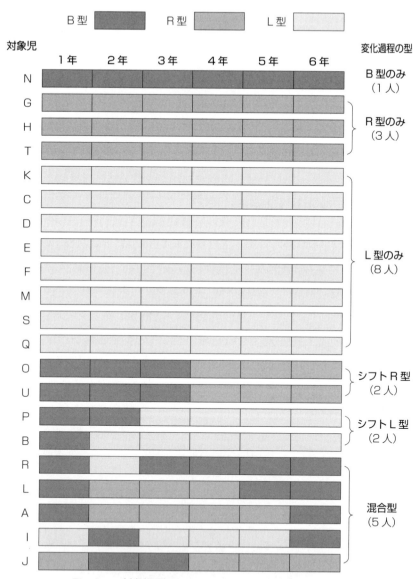

Fig. 2-2 対象児別にみた B・R・L 型の推移 (N = 21)

右手あるいは左手に確定したことになる。残りの5人（23.8%）は，7歳次から順に，BLBBBB，BRRRBB，BRRRRB，LBLLLB，RBBRRRと不規則な変動を示した。注目すべきは，R型からL型，またはL型からR型にシフトした対象児はいなかったことである。

さらに具体的に示すため，Fig. 2-3に代表的な5ケースについて左右読速度の関係を示した。横軸は右手読速度，縦軸は左手読速度を，また破線は，RLHSが0.2と-0.2を示している。この2本の破線の間にある〇で示したN児は，1年から6年まですべてB型を示した唯一の事例であり，6年間を通して左右差の小さいケースである。これに対し，△で示したG児と▲で示したE児は，右手あるいは左手の片方しか読速度の向上がみられない極端に左右差が大きくなったケースである。また，□と■で示した2例については，1人は1年次にはB型であったが，2年次以降はL型に移行したケース，

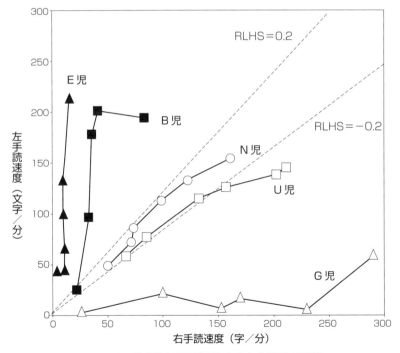

Fig. 2-3　代表的な対象児5人の左右速度の関係

他方は4年次にB型からR型にシフトしたケースである。

(3) 読速度発達の類型

以上の結果をもとに，片手読み読速度の左右差が最も大きく現れた6年（12歳）時点のRLHSに基づいて，各対象児の両手および片手による読速度の6年間の発達パターンを大きく両手型，右手型，左手型の3つに分類した。Fig. 2-4に各類型の代表的なケースの読速度を示した。ここには毎学期，年3回実施したすべての記録を掲載した。

1) 左右差の小さい両手型 (Two hands type)

6年時点のRLHSが±0.2以内のこのタイプは21人の対象児の中で5人であり，その割合は23.8%と3つのタイプの中で最も少数であった。この5人の両手および右手と左手の平均読速度と標準偏差は，それぞれ268.0文字（SD=57.7），226.0文字（SD=67.8），219.6文字（SD=48.9）であった。

Fig. 2-4の①は，全対象児のなかで最も読速度の速いL児の6年間の発達を示したものである。1年3学期には両手読みが100文字に達し，3年で200文字，4年で300文字，6年では500文字／分を超えている。また，片手読みにおいては，いずれも右手のほうが左手より読速度は速いが，左右の手の読速度の差異は小さく，左右差の少ないバランスのとれた優れた点字の読み手と言える。

一方，Fig. 2-4の②に示すN児の読速度は，両手読み，片手読みのいずれもL児と同様に左右差が小さい。しかし，その読速度は2年で50文字程度，3年で両手読みが100文字，小学部卒業間近にようやく両手読みが200文字を超えている。本児は左右差は小さいが，読速度の遅い両手型である。

2) 読速度の速い手が右手型 (Right hand type)

このタイプは6年のRLHSが-0.2以下であり，読速度の速い手が右手のものである。21人のうち6人がこれに属し，その割合は28.6%であった。6

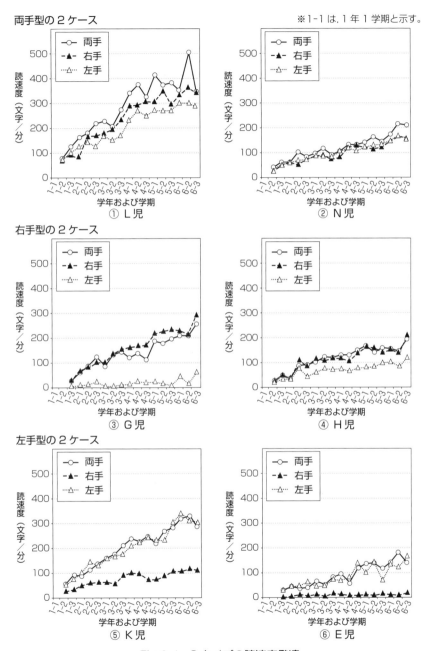

Fig. 2-4 3タイプの読速度発達

人の両手，右手，左手の平均読速度と標準偏差は，それぞれ235.8文字（$SD=20.6$），228.2文字（$SD=32.0$），116.2文字（$SD=32.6$）であった。

　Fig. 2-4の③は，左右差は大きいが右手の読速度が300文字に届くG児の読速度を示したものである。6年間の推移をみると，両手読みと右手読みは2年で100文字，4年で200文字，6年で300文字と増加している。しかし，左手読みは6年でも50文字程度であり，右手に比べ左手の読速度が遅いケースである。

　Fig. 2-4の④は，G児と同様に，読速度の速い手が右手型であるH児の読速度を示したものである。両手と右手の読速度に比べ，左手は3年で80文字程度であり，小学部卒業時点でようやく100文字を超えていた。一方，両手読みと読速度の速い右手読みは2年でおよそ100文字，卒業時点で200文字まで向上した。しかし，同じ右手型のG児に比べ，その読速度は遅い。

3）読速度の速い手が左手型（Left hand type）

　3番目はRLHSが0.2を超える左手が読速度の速い手のタイプである。21人の対象児のうち10人がこれに属し，その割合は47.6%と3つのタイプの中で最も多かった。10人の両手，右手，左手の平均読速度と標準偏差は，それぞれ223.1文字（$SD=50.5$），82.2文字（$SD=39.3$），220.6文字（$SD=55.2$）であった。

　Fig. 2-4の⑤は，左手型10人の中で左手の読速度が最大であったK児の読速度を示したものである。点字学習を開始した1年時点で左手読みは49文字に対し，右手読みは22文字であった。年齢の増加とともに読速度も増加したが，左右差は広がり，6年で左手読みは302文字，右手読みは108文字であった。

　Fig. 2-4の⑥図は，K児と同様に読速度の速い手が左手のタイプのE児であるが，その読速度は小学部卒業時点でも200文字に達することができなかった。読速度の遅い右手の読速度は最高で15文字であり，6年間を通じてほとんど伸びがみられなかった。

以上の結果から，読速度の発達は両手型，右手型，左手型に分類でき，いずれのタイプにも読速度の速い対象児と遅い対象児がいることがわかった。

Fig. 2-5 に 6 年時点の読速度で分類した 3 タイプの出現率を，Fig. 2-6 に各タイプの両手読み，右手読み，左手読みの平均読速度と標準偏差を示した。

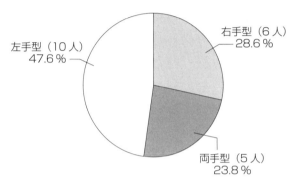

Fig. 2-5　3 タイプの出現率 (N = 21)

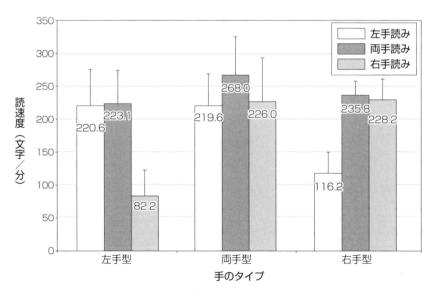

Fig. 2-6　タイプ別にみた読速度 (N = 21)

4 考 察

(1) ラテラリティの確立

　本研究で行った点字読速度の縦断的データから得られた知見のひとつは，点字読速度は両手読みも片手読みも直線的に向上するが，片手読み読速度の左右差は点字学習を開始した早期に出現し，手の優位性は年長になっても変化しないことであった。このことは，点字を読む手のラテラリティが早期に確立されることを示唆している。また，7歳時点で右手優位が4人であったのに対し，左手優位が9人と多かったことは，Hermelin and O'Connor (1971) らの報告と一致している。しかしその理由は，彼らの指摘する大脳半球の機能差によるものか，それとも学習の結果によるものかは本研究で明らかにすることはできなかった。一方，Fertsch (1947) は読速度スキルが向上するにしたがって左手優位から右手優位にシフトしたと報告し，黒川 (1987) は読速度の速い盲人には右手優位のものが多いことを指摘している。そうすると，点字読速度を向上させるためには導入期は左手優位の指導を行い，読速度が向上するにしたがって右手優位にシフトさせる指導が考えられる。しかし，本研究の結果は，優位な手のシフトは極めて困難であることを示している。久保田 (1982) は，「点字教育は脳の側方化に注意しておこなわなければならない」と述べているが，現段階では左右のいずれが適切かを示す証拠を見出すことはできない。Millar (1984) は，「点字読みに最適の手はない。左右いずれの手を用いるかは個々人の好みと読書習慣あるいは課題の内容という3者の相互作用によって決定する」と述べている。

　6年間の読速度発達を類型化した両手型，右手型，左手型のいずれにも読速度の速い対象児，遅い対象児がいたことから，点字読みに用いる手は左右のいずれがよいかということではなく，点字を読む手の優位性は盲児自身が発達にともなって獲得していくものであり，個人差を重視すべきであると考

える。

(2) 両手読みによる利得

　両手読みは，片手読みと比べて読速度が速いという結論はこれまでの研究（草島，1983；黒川・徳田，1985; Mousty & Bertelson, 1985; Foulke, 1991）で明らかである。本研究においても，いずれの年齢も両手読速度が片手読速度より速かった。また，R2HGを指標として各類型別に両手読みと速い手による片手読速度を比較した結果，12歳時点の両手読みによる利得は右手型が7％，左手型が2％であったのに対し，両手型は19％であった。さらに，左右差の顕著な右手型と左手型の対象児には，両手読みの利得がみられなかった。つまり，両手を使っていても，読みに用いている手は優位な片手だけであり，もう一方の手は紙面を押さえるだけの役割しかない対象児がいることがわかった。

　このように両手読みが片手読みより速いのは，手の機能分担によるものである。機能分担とは，行頭は左手だけで読み，行中央は両手を揃え，右手が行末を読んでいるときに左手は次の行頭を探すというストラテジーである。さらに読みの熟達した人にみられるもうひとつのストラテジーとして，右手の人差し指が行末に届く前に，左手で次の行の最初を読み始めるという同時に別の文字を読む情報のパラレル入力を示唆した報告がある（Bürklen, 1932；草島，1983; Bertelson, Mousty & D'Alimonte, 1985；黒川・徳田，1985; Foulke, 1991）。しかし，Millar（1987）はこのパラレル入力を否定している。また，黒川・徳田（1985）は両手を揃えることが触野の拡大になり，読速度を高める要因となる可能性を指摘している。Millar（1987）は，読速度の速い人の両手の機能分担に関する研究の必要性を指摘したが，このことについては，第二章で検討した。

(3) 読速度を高める指導

　点字読速度を向上させるには，適切な到達目標を設定するとともに，到達

度の評価をすることが効果的である。点字指導書（文部省，1995）によれば，入門期の触読学習を終了した時点，すなわち教科学習を開始する時点で1分間に150マス程度，さらに教科学習を普通に行うためには1分間300マス程度，さらに効果的に行うためには1分間450マス程度を目標としている。これを文字数に換算すると，教科学習を開始する時点で100文字，普通に学習できるためには200文字，さらに効果的な学習を行うには300文字が到達目標となる。

　本研究の12歳時における読速度をみると，両手読みが200文字に達しなかった対象児は3人であった。したがって，彼らに対してさらに読速度を高める指導が必要である。また今回の結果が示す通り，両手型のタイプは最も少なく，右手型あるいは左手型に属する傾向が強い。しかも，これらのタイプは点字学習早期に決定されている。このことは，点字導入段階で左右差の小さいバランスのとれた指導が重要であることを示している。しかし左右差が生じることもある。したがって，左右差の大きな右手型，左手型の盲児に対しては，遅い手による片手読み読速度を高める指導が必要である。

(4) 本研究の限界

　研究1（第1節）と同様，限界点として，対象児の知的能力等の標準検査が実施されていないこと，さらに読速度の結果は文字数によるもので，課題内容については問うていないことがあげられる。

第2節　縦断的にみた点字読速度の発達（研究2）

第3節　中途失明児童の
　　　　点字読速度の発達（研究３）

1　目　的

　眼疾患の進行による視力低下あるいは不慮の事故等により，それまで墨字を使用していた児童生徒が常用文字を点字に切り替える場合がある。その際に考慮すべき要因について香川・猪平・大内・牟田口（2016）は，視力や視野等の医学的所見，指導効率，疲労度，見る意欲をあげているが，点字指導の開始年齢も重要である。

　従前，文部省（1953）は視覚障害を「盲」「準盲」「弱視」に分類し，視力0.02から0.04までを「準盲」の用語を用い，点字か墨字かのグレーゾーンの意味で使用していた。現在この「準盲」は使用されなくなったが，常用文字の境界視力について，柿澤（2012）は盲学校在籍児童生徒の調査から，6～12歳群で視力0.02～0.03，13～15歳群で0.01～0.02，16～18歳群で指数弁～0.01，19～21歳群で指数弁～0.01，22～30歳群で指数弁～0.01，31歳以上では手動弁～指数弁であり，年齢が高いほどより低視力で墨字を使用している実態を報告している。このように低視力でも墨字を利用する理由は，拡大読書器等の弱視用視覚補助具開発の効果との解釈もできるが，年齢の高い視覚障害者の場合，点字習得が極めて困難であり，やむなく墨字を使用しているのが実態と考えられる（柿澤，2012）。成人中途失明者の読速度について管（1988）は，1分間90文字が大体の完成値で，その習得にはおよそ2年半を要すること，年代別では20歳代で100文字，30～40歳代で80文字，50歳代で60文字という具体的数字をあげている。

学齢期の中途失明児童生徒には，教科学習をスムースに行うことのできる点字読速度の獲得が求められる。佐藤（1984）は，盲学校に遅れて転入するほど読速度は遅く，小学校高学年から点字を開始した盲児が1年生から点字を使用してきた盲児に追いつくには2年くらいかかることを指摘した。阿佐（2012）は，自身の指導経験からではあるが，10歳以下で始めた者と10歳以上で始めた者では読速度に差があり，15歳以上と以下ではさらに大きな差になることを述べている。目標となる読速度について文部科学省（2003）は，入門期の基本的な触読学習を終了した時点で1分間に150マス程度（カナ文字換算で100〜120文字），教科学習を普通に行うためには1分間に300マス程度（同200〜250文字）の読速度が必要と述べている。また，優れた点字使用者はまず左手が行頭を読み始め，行の中央にくると行末までは左手に代わって右手だけで読み進め，右手が読んでいる間に左手は次の行頭を探るという左右の手が別々の機能を持たせた読み方をしており（Bertelson, Mousty, & D'Alimonte, 1985; Millar,1997; Foulke, 1991; Davidson, Appelle, & Haber, 1992），文部科学省（2003）も両手を使用した効率的な読み方を推奨する。このスキルの獲得には左右の片手読速度の差が小さいことが必要条件となるが，研究2（第2節）から盲児の読速度発達の特徴として，点字読みの優位な手は点字を導入した早期に決定することが示された。

　そこで本研究では，小学4年以上の中途失明児童に対し，教科学習に必要な読速度をできるだけ早期に達成する指導と効率的な両手の使い方の獲得を目指した集中指導を実践し，先天盲児との比較を行うとともに，集中指導の効果を明らかにすることを目的とした。

2　方　法

(1) 対象児

　対象児は，1987年4月から2002年3月までに，盲学校小学部および小学

Table 3-1 調査対象児のプロフィール

No.	対象児	当時の視力 (右, 左)	点字指導 開始時期	備　考	集中指導
1	A児 (男)	(0.02, 0.01)	4年1学期	1年次から盲学校に在籍, 視力低下により点字に切り替え, 左手麻痺有り	
2	B児 (男)	(0.02, 0.02)	4年1学期	小学校通常学級より盲学校4年次に転入	○
3	C児 (男)	(0.02, 0.03)	5年1学期	小学校通常学級より盲学校5年次に転入	
4	D児 (女)	(0.02, 光覚)	5年2学期	小学校通常学級より5年次2学期に盲学校へ転入, 既に導入指導は終了, 6年次5月末に転出	○
5	E児 (女)	(0, 0)	6年1学期	小学校通常学級より6年次から盲学校へ転入	○
6	F児 (女)	(0.02, 0.03)	6年1学期	小学校通常学級より6年次から盲学校へ転入	○
7	G児 (男)	(0.01, 0.01)	6年1学期	小学校通常学級在籍, 盲学校の教育相談で週に一度来校して指導, 中学部より盲学校へ入学	○

※集中指導は, 1992年度以降の転入児と教育相談対象児に実施した.

校在籍途中での視力低下により, 常用文字を墨字から点字に切り替えた, もしくはその段階にある児童7人であり, いずれも「準ずる教育課程」の対象であった. そのプロフィールを Table 3-1 に示す. 点字指導を開始した学年は, 4年次と5年次がそれぞれ2人, 6年次が3人であった. A児は1年次から盲学校に在籍しており, 左手に麻痺があった. G児は両眼が0.01の強度の弱視であるが小学校の通常学級に在籍し, 在籍校では拡大教科書を使用していた. 本児には視力低下により6年次から盲学校で教育相談による点字指導を行い, その後中学から盲学校へ入学した. 残るB・C・D・E・F児の5人は小学校から盲学校への転入児であった. なおD児は6年5月末に盲学校から小学校に転出した.

(2) 点字指導と読速度の測定

1) 点字指導の概要

すでに五十音の文字指導を終了していたD児を除き,他の児童は指導開始からおよそ3ヵ月,盲学校小学部1年国語教科書にある点字触読導入教材を使用し,週2時間の自立活動を充当して個別指導を行った。指導にあたっては,読速度の左右差が大きくならないよう当初から両手を使った読み方だけでなく,右手のみ,左手のみによる読み方の指導を心がけた。線たどり課題と文字の導入を経て,低学年用の読材料を用いた文章読みへと指導を進めた。

集中指導は,筆者が点字読速度の研究に取り組んだ1992年度以降の転入児4人と教育相談対象児1人に対し,およそ1年間実施した。指導効果をみる方法には読書練習機のような機器を利用し,時間をコントロールする方法(time controlled method)と,時間を計りながら動機付けに重点を置いた時間測定読書法(motivated method)があるが(佐藤,1984),本研究では動機付けを心がける後者を用いた。

具体的には,週1回のペースで両手と左右の片手による読速度を測定し,その結果をその都度対象児に知らせ,さらに前回読んだ文章を再度読ませることで,対象児自身が読速度の向上を実感できるようにしながら学習意欲の向上に努めた。効率的な手の使い方については,行頭は左手,行中程は両手,行末は右手を用いること,また行末を読む間に左手が次の行頭へ素早く移動する方法(文部科学省,2003)を指導した。

2) 読速度データの分析

両手および片手による読速度データの分析は,研究2と同じ方法で行った。

3 結 果

(1) 両手読速度の発達

Fig. 3-1 から Fig. 3-3 に各学期末に測定した対象児の両手読速度と回帰直線を示した。□印とその上方の垂線は，先天盲児群の学年末平均読速度と +1SD である。横軸には，1年（7歳）から6年（12歳）までを年齢で表示した。

1）4年次から指導を始めた A 児と B 児

Fig. 3-1 は，A 児と B 児の点字読速度である。A 児（◆印）は，4年1学

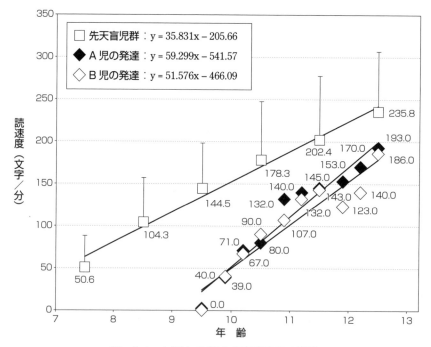

Fig. 3-1　A 児と B 児の点字読速度の発達

期末で39文字，3学期末は80文字，5年3学期末は143文字，6年3学期末は193文字であった。B児（◇印）は，4年1学期末に40文字，3学期末は90文字，5年3学期末は140文字，そして6年3学期末では186文字まで読速度が向上した。両者の回帰直線はほぼ重なっており，その勾配は，先天盲児群の35.8に対して，A児は59.3，B児は51.6を示し，先天盲児群と比較した読速度発達の割合はそれぞれ1.7倍と1.4倍であった。6年3学期末の読速度は，先天盲児群の平均には到達しなかったが両者とも－1*SD*以内であった。

2）5年次から指導を始めたC児とD児

Fig. 3-2にC児とD児の結果を示した。C児（△印）は，5年1学期末が29文字，3学期末が71文字であり，6年3学期末には134文字まで向上し

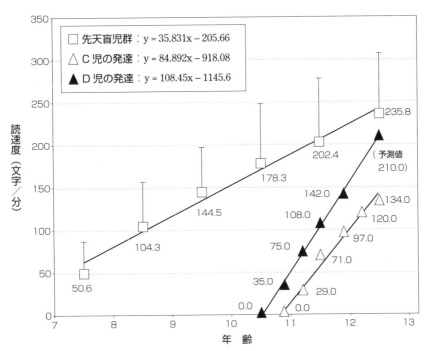

Fig. 3-2　C児とD児の点字読速度の発達

た。しかしこの値は，先天盲児群の平均 235.8 文字の $-1SD$ にあたる 164.4 文字には達しなかった。D児（▲印）は，転入した5年9月当初の読速度は 35 文字であった。その後2学期末に 75 文字，5年3学期末に 108 文字，転出直前の6年5月半ばには 142 文字となった。回帰直線から得られる6年3学期末の予測値は 210 文字となり，先天盲児群の平均とほぼ同じ読速度となった。回帰直線の勾配をみると，C児は 84.9，D児は 108.5 を示し，読速度発達の割合はそれぞれ先天盲児群の 2.4 倍と 3.0 倍であった。

3) 6年次から指導を始めたE児・F児・G児

Fig. 3-3 はE児，F児，G児の結果である。E児（●印）は1学期末に 36 文字であったが，2学期末には 182 文字，3学期末には 194 文字となった。F児（○印）は1学期に線たどりと文字導入を経て文章読みに入り，5月末

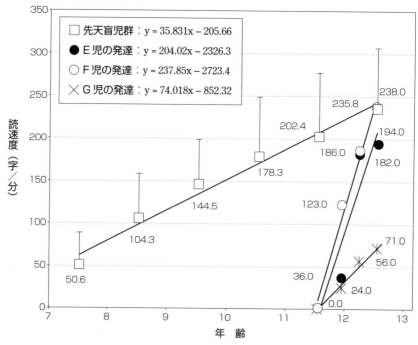

Fig. 3-3　E児，F児，G児の点字読速度の発達

の測定で52文字，1学期末には123文字に達した。さらに2学期末に186文字，3学期末には238文字を記録し，先天盲児群の平均を超えた。両者とも1年間で200文字に達する読速度であった。回帰直線の勾配は204.0と237.9を示し，先天盲児群の5.7倍6.6倍とであった。一方，通常学級で学ぶG児（×印）の発達は，1学期末に24文字，2学期末は56文字，3学期末には71文字であり，先天盲児群の2年生初期の読速度であったが，その回帰直線の勾配は2.1倍を示した。

4 考 察

(1) 小学部高学年からの点字読速度の発達

15年間で得られた対象児は7人と少ないが，本研究の結果から総じて言えることは，指導期間は1年から3年と異なるものの，先天盲児群と比べて読速度発達の割合が大きかったことである。

これは回帰直線の勾配の比較から指摘できる。特に6年次の1年間で先天盲児群の平均を超えたE児は6.6倍，またF児は5.7倍を示しており，両者とも1年間で6年分の発達を示したことになる。小学校の通常学級に在籍していたG児も先天盲児群の勾配35.8に対して74.0を示し，その値は2倍を超えていた。さらに7人中5人の対象児が卒業段階には先天盲児群の平均読速度の$-1SD$以内にあり，ほぼ同程度の読速度を獲得していた。換言すれば小学4年以降で点字に切り替えても先天盲児群と同程度の向上が十分に期待できることを示すものと言えよう。

この結果は，盲学校転入児を対象に研究を行った佐藤（1984）と同じであり，佐藤はその理由を，小学校でいろいろな経験を経てから転入するので，学習のレディネスが整っていることによるものと指摘した。G児を除く6人は自立活動の時間だけでなく，教科学習の中で点字に触れる機会が日常的にある。そして同級生（先天盲児）が良い手本となり，早く彼らとともに点字

で学習したいという強い想いにつながる。当初は同級生の読速度に追いつけないが、少しずつでも点字での学習についていこうという意欲も、読速度向上のプラス要因として働いたと考えられる。

(2) 常用文字の決定

今回の対象児は、大きく2つに分類できる。ひとつは、1年から盲学校在籍のA児、さらに小学校から盲学校へ転入したB児、C児、D児、E児、F児で、いずれも墨字から点字へ常用文字を切り替えた対象児である。文部科学省（2003）のいう入門期の触読指導を終了した時点の1分間150マス（カナ文字換算で100～120文字）は、点字を用いた教科学習が可能な読速度と解釈することができる。この5人はその読速度を概ね1年で達成していた。他方は通常の学級に在籍していたG児で、その読速度は70文字に留まった。

この違いはどこにあるのか、それは常用文字の相違によると考えられる。G児は週に1回の頻度で盲学校に来校し、ここで点字指導を行った。在籍校では拡大教科書、つまり常用文字は墨字であり、さらなる視力低下に備えた点字指導の意味合いが強かった。点字を読むのは盲学校での指導と筆者が与えた課題に取り組む家庭学習に限られ、基本的に点字に触れる時間が他児と比較して格段に少なかったことが、読速度の差に現れたものと考えられる。墨字と点字を併用した場合の読速度の課題は就学の場の違いに限らず盲学校在籍児も同様で、点字が常用文字として適切と判断できれば、早期に点字へ切り替えることが読速度の向上に良い結果をもたらすと考える。

(3) 集中指導の効果

指導効果について、4年次で集中指導を実施し、その後6年次までデータがあるB児の事例から検討したい。B児は、4年1学期の基礎指導を経て夏休み後の2学期に13回、3学期に9回行った。この間の回帰直線から得られた両手読速度の勾配は2学期が187.1、3学期は134.2であり、その後3カ年の勾配50.7と比較すると、3.7倍と2.6倍を示しており、集中指導期に大

幅な伸長がみられた。つまり集中指導がステップとなり，その後教科指導の中で点字を常用文字として使用したことによりさらに読速度の向上へとつながったと考えられる。

　ところで5人の児童に実施した集中指導は効率的な両手の使い方の獲得を意図していた。その結果，5人のうちB児，D児，G児の3人は左右差が小さく，概ね目標が達成できたと考える。しかしながら，両手の利得は必ずしも大きくはなかった。先天盲児を検討した研究2（第2節）の結果では，左右差の小さいB型の特徴として，低学年高学年を通して両手読速度が速い手による片手読速度を上回ること，すなわち両手の利得が大きいことが示された。今回のB児，D児，G児3人はまだ点字による読書経験が短く，滑らかな両手による行移し運動が未熟であることがその一因と考えられる。また，6年次のE児とF児は，特に夏休み後に大幅な伸びがみられた。読速度は遅いが1学期末までに文章読みが可能となり，夏休みの宿題や点字図書などを用い，自ら文章読みを進める中で読速度が向上してきたことがその要因と考えられる。しかし，遅い手の右手読速度の伸びは小さく，左右差が大きく現れた。これは，読速度の左右差が大きくなればなるほど，速い手をだけを使用した読み方が強化されたためだと推察される。

　盲児が点字を読む場面が公に放映されたものに，全国特殊教育推進連盟（現・全国特別支援教育推進連盟，1997）が1997（平成9）年に作成した理解啓発ビデオ「生きる力をはぐくむ，個に応じた指導　盲学校の養護・指導」と，NHKが2007（平成19）年5月に放映した「ドキュメントにっぽんの現場，ことばあふれ出る教室～横浜市立盲学校～」がある。前者には小学部4年盲児が国語教科書を読む場面があり，その児童は右手だけで読んでいた。後者は，6年盲児が両手を上手に使っている場面がある。

　筆者は，その指導を行った教師に指導法を尋ねたところ，「当時徹底したのは，左右両方とも別々に読めるようになることで，文字導入の練習のときから，右手でも左手でも同じページを練習させた。ある程度読めるようになっても，時々右手だけ，左手だけの読速度を確認しながら読ませた。初期

段階において優位な手をなるべく作らないことが大事だ」と述べた。

さらに阿佐（2012）は，「読速度の向上は反復指導以外にはない。初期は両手それぞれで読めることが両手読みのステップになる」ことを指摘している。これらの指導は先天盲児だけではなく，小学部段階での中途失明児童にも十分可能だと考える。

(4) 本研究の限界点と今後の課題

一点目は，対象児および先天盲児群の知的および言語レベルといった客観的資料の不足があげられる。今回の対象児はいずれも「準ずる教育課程」という判断は筆者によるものであり，標準検査を実施しておれば，客観性が保証できたと考える。

もう一点は，指導効果の検証である。対象児はいずれも中学以降は点字を常用して中学・高校へと進み，今では成人に達している。現在どの程度の読速度に到達したのか，特に左右差の小さかった3人は効率的な両手を使った読み方が定着でき，これが両手の利得に結びついたかという長期の指導効果の検証には至っていない。機会があれば是非とも確認したい。

第3節　中途失明児童の点字読速度の発達（研究3）

第4節 第一章（研究1―研究3）の総合考察

　研究1では，小学部6年間の発達の概要を把握するため，可能な限り多くを対象児とした。その理由は，近年の盲学校は児童生徒数の激減と障害の重度重複化傾向が顕著であり，できるだけ多くのデータを記録として残したかったことにある。そのため，対象児の知的・言語等のレベルは多様で，高学年で最高読速度が400文字を超える児童から，6年段階でも100文字に届かない児童まで，という幅広い結果となった。全員が「準ずる教育課程」対象児であったが，実際は「下学年対応の教育課程」対象児が含まれていたことによるものと推察される。

　重複障害盲児に対する点字指導について指導書（文部科学省, 2003）には，触運動の統制と弁別，触空間の形成，音声言語の獲得等々，一定のレディネスが必要であることが記載されている。道村（2004）は重複児にも文字言語としての点字の獲得は重要であるという考えから，これらの表現よりわかりやすい具体的な言葉で，①言語の理解が十分にできていなくても話し言葉がある程度でき，意思の疎通ができること，②何でも触れる指を持っており，指の分化や統制がある程度できていること，③指先で物をある程度確認できる力があること，④少しの時間でも机の前に座ることができ，指先に集中できること，の4点をあげている。本研究では検討できなかった知的障害のある盲児の点字指導については今後の課題としたい。

　さらに研究1では，通常学級に在籍する盲児の読速度についても検討した。その対象児は，T盲学校が1985（昭和60）年度から「盲学校のセンター的機能」の一環として先導試行的に取り組んできた通級指導の盲児である。彼らは週1回の頻度で来校し，点字を始め歩行や触察など，在籍する小学校では指導が行き届かない，盲児に必須であるスキルの獲得を目指していた。結

果は極めて興味のあるものとなった。それは，低学年では在籍校間に読速度の差はみられないが，中学年以降になるとその読速度に有意差が現れたことである。盲学校在籍児は小学部入学後から点字触読指導を開始することが多いが，通常学級在籍児の場合，小学校には指導できる教師がいないことに加え，すぐに晴眼児とともに教科指導が可能になるよう，幼稚部など就学前に点字導入指導が行われることが多い。したがって，低学年で読速度に差がみられなかったことはその現れと推察される。しかし，中学年以降に有意差が生じた理由はどこにあるのか，このことについては今後の課題としたい。

　研究2では，6年間継続してデータを入手できた盲児の読速度を検討した。対象児は21名と少ないが，このデータ収集に10年を要した。数年に1人しか入学者のいない地方の盲学校が今後同様な方法で検証するためには，おそらくその数倍の年月が必要となるであろう。
　さらに研究2のオリジナリティは，両手読速度に加えて，左右の片手読速度を検討したことにあると考える。片手読速度の測定を始めたのにはきっかけがあった。それは，普段の授業の中で盲児が点字を読む場面を観察していると，同程度の両手読速度であってもその手の使い方が個々人で異なることに気づいたことであった。その後の点字競技会速読の部では両手読みの測定と併せて右手と左手による片手読速度の測定データを蓄積することにした。さらにその分析を進めるにあたり，当初は右手と左手に分類して両者を比較した。
　しかしその結果は，右手読速度と左手読速度の平均に大差はなく，観察で得られた片手読みの特徴が現れなかった。そこで，片手読みを「読速度の速い手」と「読速度の遅い手」に分類し直した結果，Fig. 2-1（60ページ）に示した通り，「読速度の速い手」は「両手読速度」とほぼ並行に伸び続けるが，「読速度の遅い手」の回帰直線の傾きは速い手の2分の1であり，速い手と遅い手の読速度の差は学年が進むにしたがって広がっていくことが明らかになった。

さらに左右の片手読速度の測定結果を踏まえて，左右差の小さい「両手型」，右手優位の「右手型」，左手優位の「左手型」の3つの発達パターンに分類した。

　ここで検討すべき事項は，左右差の程度の定義であった。過去の文献では，Bürklen（1932）が読速度の差20％の数値を使用していたが，その詳細は不明であった。その後，Mousty and Bertelson（1985）の文献に出会い，左右差の指標であるRLHS（Relative Left Handed Superiority）と速い手と両手読速度の関係を示すR2HG（Relative Two-Handed Gain）の定義を知ることができた。この定義は第二部の熟達者を対象とした研究においても使用し，共通の尺度で研究を進めることができた。さらに，この手の優位性が点字学習を開始した早期に決定することも明らかとなった。この優位性がどこで決定するのかという詳細な検討はできなかったが，少なくとも指導方法にその一因があることは指摘できよう。

　ある教師が担当した2人の盲児では，1人は「両手型」を示し，他方は強い「左手型」を示していた。もろちんその教師は同じ指導法を行ったはずである。一方，別の教師が指導した3人はいずれも強い「右手型」であり，その指導法は「右手主体」であったことから，このことが指摘できる。すなわち教師による初期の指導方法が盲児の手の使い方を決定することが示された。

　研究3は，中途失明児童の読速度である。17年間でその対象児は7人と少ないが，この盲児には自立活動担当であった筆者が直接指導する機会を得ることができた。結論は，4年生以降から点字学習を開始しても，1年生から始めた先天盲児群の読速度に到達可能であることである。特に6年生段階で開始した2人の盲児は，五十音の文字弁別には1～2カ月を要したが，一旦この学習を終了して文章読みに入ると，読速度は急激に向上した。指導において最も配慮したのは左右の読速度の差が大きくならないことであったが，この2人が極端な左手型になってしまったことは反省すべき点である。

　一方，通常学級在籍児の盲児についてみると，左右差の小さい両手型では

あるが，2年生程度の読速度に留まった。これは，日常使用している文字が拡大文字であり，日常的に点字に接する機会が少ないことが最大の原因だと推察される。研究1と同様に，今後増加すると予測されるインクルーシブ教育の対象児に対して，盲学校教師がいかに支援するかという課題を含んでいる。

　さて第一章，特に研究2の結果からさらに関心を抱いたのが，点字読み熟達者である。我が国の熟達者はどの程度の読速度であるか，また点字を読む手のタイプは，両手型，あるいは右手型，左手型のどのタイプが多いのか，さらに効率の良い手の使い方とはどのようなものか，そしてかれらの読み方から，盲児の点字指導に活かせることは何かを考察することを目的に，次の第二章の研究に取り組んだ。

第二章　点字読み熟達者の読速度に関する研究

第1節　点字読み熟達者の読速度（研究4）
第2節　点字読み熟達者の点字を読む手の軌跡による研究（研究5）
第3節　画像解析による非読書時間に関する研究（研究6）
第4節　第二章（研究4―研究6）の総合考察

第1節　点字読み熟達者の読速度（研究4）

1　目　的

　研究2（第一章第2節）において，21人の先天盲児の両手，読速度の速い手，遅い手による点字読速度を7歳から12歳まで縦断的に分析した。その結果，両手読み，読速度の速い手，遅い手のいずれの読速度も年齢の増加にしたがって有意に向上すること，点字読みの手の優位性は早期に確立すること，点字を読む手は，左右差が小さい両手型，読速度の速い手が右手型および左手型の3つのタイプに分類できること，そして読速度の左右差が小さいほど，両手の利得が大きいことを明らかにした。これらの結果から生じたさらなる関心は，我が国の点字読みの熟達者どの程度の読速度であるのか，また熟達者には右手型，左手型あるいは両手型のいずれのタイプが多いのか，さらに両手の利得について盲児と同様の傾向がみられるか，である。

　そこで，この研究4（第二章第1節）では，点字読速度が1分間351文字以上を熟達者と定義し，熟達者の点字読速度および点字を読む手のタイプとその特徴を明らかにするとともに，熟達者が受けてきた点字指導について探ることを目的に実施した。

2　方　法

(1) **熟達者の定義**

　点字指導書（文部科学省，2003）には，「教科学習を効率的に行うこと」の

できる読速度は450マス,「理想的な読み」は600マスであることが記載されている。ただし,これは点字1行を25マスとした概算によるもので,期待を込めた目標値として考えられたものである。一方,1960 (昭和35) 年に日本点字研究会が発表した「点字能力検定規則」は文字数で示されており,最上級の1級は,351文字以上とある (山口,1982)。また,日本盲人会連合は1967年から1997年まで成人を対象とした「全日本点字競技大会」を実施してきた。ここでの採点法は文字数による方法であった。

そこで本論では,全日本点字競技大会に倣って文字数による計算を行い,「点字能力検定規則」の1級である1分間の読速度が351文字以上を熟達者と定義した。351文字は使用した読材料の裏面1行までであり,マス数換算では470マスに相当する。文部科学省 (2003) の言う「理想的な読み」600マスには届かないが,裏面まで読み進める速度は,筆者が経験した中で十分に熟達者と言えるものである。

(2) 対象者

対象者は,男性19人,女性17人,計36人であり,その詳細をTable 4-1に示す。調査実施時の平均年齢は39.0歳 (SD=13.2) であり,最高齢は62歳,最年少は16歳であった。また利き手は,右手が35人 (97.2%),左手が1人 (2.8%) であった。対象者の職業は,理療業が11人 (30.6%),教員と学生・生徒がそれぞれ8人 (22.2%),点字出版職員が6人 (16.7%),無職が3人 (8.3%) であり,全員が盲学校小学部1年時から点字を使用していた。

Table 4-1 対象者の性別,年齢および利き手

	対象者数 (人)	平均年齢 (歳)	年齢 (歳)		SD	利き手 (人)	
			最高齢	最年少		R	L
男	19	39.3	62	17	13.6	18	1
女	17	38.7	57	16	13.5	17	0
全体	36	39.0	62	16	13.2	35	1

なお，本データは1997年から2010年までに収集したものであり，このうち過去の全日本点字競技大会速読の部での優勝経験者13人が含まれる。

(3) 課題文と測定方法等

1) 課題文

読材料の課題文には，1997年5月，毎日新聞朝刊に連載された紀行文を用いた。これをパソコン点訳し，点字プリンター（NEW ESA 721，ジェイ・ティー・アール）により，1行32文字・1ページ18行のレイアウトで両面印刷した。なお課題文は，両手読み，左右の手による片手読み用に，異なる内容の3枚を準備した。

2) 読み方

盲児と同様，両手読みと右手と左手による片手読みの3つの方法で行った。

3) データの分析方法

① 各対象者の最高読速度

対象者から得られた上記3つの方法による読速度のうち，最も高い数値を，その対象者の最高読速度とした。

② 片手読みの左右差（RLHS）

得られた右手と左手による1分間の読速度から，点字を読む手のタイプを分類するために，片手読みの左右差の程度を相対的に示す指標であるRLHS（Relative Left Handed Superiority, Mousty & Bertelson, 1985）を算出した。そして，右手型と左手型の特徴を検討するため，手のタイプと点字を読む手について2要因混合計画による分散分析を行った。

③ 両手読みによる利得（R2HG）

両手読みと速い手による片手の読速度を比較するため，片手読みに対する両手読速度の増減の割合を示すR2HG（Relative Two-Handed Gain, Mousty & Bertelson, 1985）を算出した。そして，R2HGについて手のタイプによる1

要因参加者間計画による分散分析を行った。

④ 点字指導法と両手の意義等に関する調査

　読速度測定の後，すべての対象者に対し，点字学習開始期に指導を受けた手の使い方と対象者が考える両手読みと片手読みの相違等について，半構造化面接を行った。

3　結　果

　全対象者の読速度に関する結果を，Table 4-2 に示した。表中の「最高」とは，当該対象者の両手読み，左右の手による片手読速度のうちの最高値を示す。「速い手」による読速度とは，RLHS が正数の対象者は左手，負数の対象者は右手の読速度であり，「遅い手」はその逆となる。またタイプ欄の B は両手型，R は右手型，L は左手型を，「小1の指導」は，点字学習開始時に指導を受けた手の使い方を表している。

(1) 最高読速度

　36人の平均読速度は，424.2 文字（SD=69.5）であった。対象者の中で最高を記録したのは，40歳男性の両手読みによる 675 文字である。この対象者は準備した課題文の両面すべて（667文字）を 59.2 秒で読み切ったため，675文字は，1分間に換算した数値である。これは 1976 年に記録された全日本点字競技大会の最高である 628 文字を 48 文字上回っていた。第2位は 45 歳男性の 629 文字，第3位は 53 歳男性の 508 文字（いずれも両手読みによる記録）である。なお3人とも，過去の全国大会優勝経験者であった。また，最高読速度を記録した読み方は，36人中 33 人（91.7％）が両手読みであり，3人（8.3％）が左手読みであった。

(2) 点字を読む手のタイプ

　Fig. 4-1 は，RLHS に基づいて分類した点字を読む手の3タイプの出現率

Table 4-2　全対象者の読速度，RLHS，点字を読む手のタイプ

対象者	最高 （文字）	両手 （文字）	速い手 （文字）	遅い手 （文字）	RLHS	Type	R2HG	小1の指導
平均	424.2	423.7	375.9	207.4			0.131	
SD	69.5	69.6	56.9	84.9			0.106	
No. 1	675	675	547	286	-0.91	R	0.234	左手
No. 2	629	629	517	501	-0.03	B	0.217	特に無し
No. 3	508	508	456	321	-0.42	R	0.114	特に無し
No. 4	502	502	407	292	-0.39	R	0.233	記憶無し
No. 5	485	484	485	105	3.62	L	-0.002	左手
No. 6	466	466	383	223	-0.72	R	0.217	左手
No. 7	455	455	372	302	-0.23	R	0.223	左手
No. 8	452	452	414	295	0.40	L	0.092	左手
No. 9	446	446	379	244	-0.55	R	0.177	両手
No. 10	443	443	343	213	0.61	L	0.292	両手（左）
No. 11	441	441	416	204	-1.04	R	0.060	両手
No. 12	438	438	344	237	-0.45	R	0.273	左手
No. 13	435	424	435	45	8.67	L	-0.025	特に無し
No. 14	430	430	361	257	-0.40	R	0.191	特に無し
No. 15	426	426	357	226	-0.58	R	0.193	左手
No. 16	424	424	382	195	-0.96	R	0.110	左手
No. 17	421	421	382	186	1.05	L	0.102	両手
No. 18	418	418	361	199	-0.81	R	0.158	特に無し
No. 19	416	416	361	196	0.84	L	0.152	左手
No. 20	414	414	364	221	-0.65	R	0.137	右手
No. 21	396	396	392	134	-1.93	R	0.010	左手
No. 22	393	393	356	213	-0.67	R	0.104	左手
No. 23	387	387	355	263	0.35	L	0.090	特に無し
No. 24	382	382	323	257	-0.26	R	0.183	特に無し
No. 25	381	381	377	167	1.26	L	0.011	特に無し
No. 26	380	380	379	123	2.08	L	0.003	記憶無し
No. 27	377	377	330	61	4.41	L	0.142	左手
No. 28	376	376	352	221	0.59	L	0.068	記憶無し
No. 29	367	367	331	211	-0.57	R	0.109	特に無し
No. 30	367	367	368	55	5.69	L	-0.003	両手（左）
No. 31	360	360	327	78	3.19	L	0.101	両手（左）
No. 32	358	358	236	218	0.08	B	0.517	特に無し
No. 33	358	352	358	179	1.00	L	-0.017	両手
No. 34	357	357	330	223	0.48	L	0.082	左手
No. 35	356	356	314	156	-1.01	R	0.134	右手
No. 36	351	351	339	159	1.13	L	0.035	両手

1) 最高とは，当該対象者の両手読み，左右の手による片手読み読速度のうち，最大のものを示す。
2) 速い手とは，RLHSが正数の対象者は左手であり，負数の対象者は右手である。
3) RLHS=（左手読速度－右手読速度）／遅い手の読速度
4) Type欄のBは両手型（-0.2≦RLHS≦0.2），Rは右手型（RLHS<-0.2），Lは左手型（0.2<RLHS）を示す。
5) R2HG=（両手読速度－速い手の読速度）／速い手の読速度

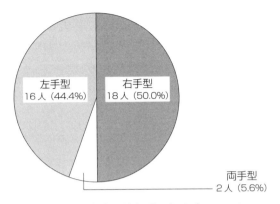

Fig. 4-1 点字を読む手のタイプ (N = 36)

を示したものである。36人のうち，右手型は18人（50.0％），左手型は16人（44.4％）に対して，両手型は2人（5.6％）と最も少なかった。また，両手型2人の最高読速度は両手読みであり，その記録は，1人は36人中第2位の629文字であるが，もう1人は対象者の中で32番目の358文字であった。

　次に，タイプ別に3つの読み方による読速度を検討した。両手型を示した2人の両手読速度は前述したが，片手読みをみると，1人が右手読み517文字，左手読み501文字，もう1人は右手読み218文字，左手読み236文字であり，読速度の速い手が異なっていた。Fig. 4-2に示したように，両手型2人の平均は，両手読みが493.5文字（SD=135.5），右手読みが367.5文字（SD=149.5），左手読みが368.5文字（SD=132.5）であった。右手型18人の平均は，両手読み440.9文字（SD=69.2），右手読み380.3文字（SD=52.3），左手読み232.1文字（SD=47.4）であった。また18人全員が速い手の右手読速度より両手読速度が上回っていた。これに対して左手型に分類された16人では，両手読み395.5文字（SD=38.6），右手読み160.6文字（SD=73.7），左手読み370.9文字（SD=41.2）であり，片手読みである左手読速度が両手読速度を超えている対象者が2人いた。

　さらに右手型と左手型の特徴を検討するため，手のタイプと点字を読む手

について2要因混合計画による分散分析を行った結果，タイプ条件と点字を読む手の条件の交互作用が有意であった（$F(2,64)=4.44$, $p<.05$）。水準別誤差項を用いた単純主効果検定によれば，両手読みと遅い手による読速度において，手のタイプ条件が有意であった（両手読み $F(1,31)=5.09$, $p<.05$：遅い手の読み $F(1,31)=10.90$, $p<.01$）。しかし，速い手による読速度，すなわち右手型の右手読み読速度と左手型の左手読み読速度に有意な差は認められなかった。

次に，タイプ条件別に読みに使用した手の単純主効果を検定した結果，いずれも有意であった（右手型　$F(2,64)=105.11$, $p<.01$：左手型　$F(2,64)=151.88$, $p<.01$）。LSD法による多重比較の結果，右手型は，両手読み，右手だけの読み，左手だけの読みの順で有意に読速度が速かった。これに対して左手型は，両手読みと左手だけによる読速度間に有意差はなく，両手と遅い手の右手，また左手読速度と右手読速度間に有意差があった（$MSe=1860.14$, $p<.05$）。

以上の結果，右手型と左手型には速い手による読速度に有意差がないことから，片手読みでは右手あるいは左手のいずれの手が速いとは言えないことがわかった。さらに，両手読速度では右手型が左手型より有意に速く，右手

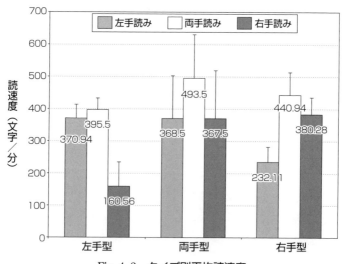

Fig. 4-2　**タイプ別平均読速度**

型は両手読速度が右手読速度より有意に速かったが，左手型では両手読速度と左手読速度に有意差がみられないという両タイプの特徴が見出された。

(3) タイプ別にみた片手読速度の関係

Fig. 4-3 は，対象者 36 人の右手または左手だけによる片手読速度の関係を示したものである。横軸は右手読速度，縦軸は左手読速度を表す。図中に示した 2 本の実線は右手型と左手型との境界となる RLHS が +0.2（左手型）と −0.2（右手型）を示している。2 本の実線の間にある●印が RLHS=±0.2 以内，すなわち読速度の左右差が 20％以内の両手型 2 人の分布である。1 人は左手と右手の読速度ともに 500 文字を超えるところに位置しているが，残りの 1 人は右手読速度が 236 文字，左手読速度が 218 文字である。なお，この対象者の両手読み読速度は 358 文字であった。

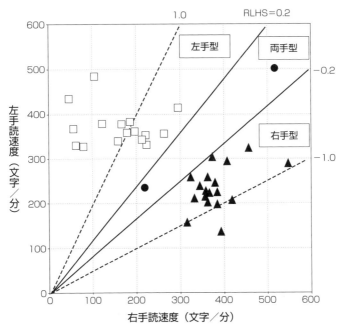

Fig. 4-3　片手読みによる読速度の関係

RLHS=-0.2 を示す実線の右下にある▲印が右手型の対象者 18 人の分布である。さらに図中右下に示した破線は，RLHS=-1.0 を示している。この破線は，例えば右手 200 文字に対し，左手 100 文字のように左右読速度の比が 2 対 1 を示す境界線である。右手型 18 人の RLHS の平均は-0.70（SD=0.38）であり，読速度の比は 2 対 1 以下であった。このうち 15 人（83.3%）は実線（RLHS=-0.2）と破線（RLHS=-1.0）の間にあり，3 人（16.7%）が破線より下に分布する読速度の比が 2 対 1 を超える対象者である。最も左右差の大きかった対象者の読速度は，右手 392 文字に対して左手 134 文字で，RLHS の値は-1.93 であった。

　RLHS=0.2 の実線より左上に位置する□で示した左手型は 16 人である。右手型と同様に左上の破線は，左右の比が 2 対 1 の境界となる RLHS=1.0 を示している。16 人の RLHS の平均は 2.21（SD=2.28）で，右手型より読速度の左右差が大きかった。RLHS が 0.2 と 1.0 の間に分布する左右読速度の比が 2 対 1 以内の対象者は 7 人（43.8%）であり，右手型の 83.3% に比べてその割合は半数程度であった。9 人（56.2%）は RLHS が 1.0 を超えており，RLHS が最大であった対象者は左手 435 文字に対して右手 45 文字であり，その値は 8.67 となった。また，左手は 300 文字を超えているが，右手は 100 文字に満たない対象者が 4 名（25.0%）いた。このように左手型は片手読速度の左右差のばらつきが大きいことがわかった。

(4) 両手読みと片手読みの関係

　Fig. 4-4 は，左右差の指標 RLHS と両手読みの利得の指標 R2HG の関係を示したものである。R2HG の値が高ければ，両手による利得が大きいことを意味する。なお RLHS は，読速度の速い手が右手の場合は負数となるため，ここでは絶対値（以下，abs-RLHS）に変換して表示した。横軸が abs-RLHS，縦軸に R2HG を示す。●印は両手型，▲は右手型，□は左手型を表している。図中の細破線は全対象者 36 人，また太実線は右手型 18 人，太破線は左手型 16 人それぞれの回帰直線を示す。全対象者の相関係数は $r=-.49$ であり，

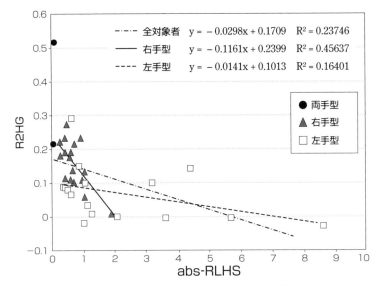

Fig. 4-4 abs-RLHS と R2HG の関係

有意であった（$F(1,36)=11.21, p<.01$）。このことから両手読みの利得は片手読みの左右差と中程度の負の相関があること，すなわち左右差が小さいほど両手読みの利得が大きいことが明らかとなった。

　次に点字を読む手のタイプ別に検討した。●で示した両手型は2人である。1人は右手読速度が218文字，左手読速度が236文字，abs-RLHSは0.08であり，両手読速度が358文字，R2HGは0.52と対象者の中で最大であった。もう1人は右手517文字，左手501文字，両手629文字，abs-RLHSは0.03で，R2HGは0.22であった。両名を比較すると最高読速度の差は大きいが，両手の利得は全対象者の平均0.13（$SD=0.11$）に比べていずれも高い値を示していた。またR2HGの平均は0.37（$SD=0.15$）となった。▲で示した右手型18人の相関係数は$r=.68$であり，有意であった（$F(1,16)=13.43, p<.01$）。R2HGの平均は0.16（$SD=0.07$）であり，全員に両手による利得がみられた。R2HGが最高値を示した対象者は，右手読速度が344文字，左手読速度が237文字，両手読速度は438文字であり，abs-RLHSが0.45，R2HGは0.27

であった。最低の対象者は，右手読速度が392文字に対して左手読速度は134文字で，両手読速度は396文字，R2HGは0.01であり，abs-RLHSは1.93と右手型の中で最大であった。これに対して□印の左手型16人の相関係数は$r=.40$で，有意な差は認められなかった（$F(1,14)=2.75, p<.10$）。

　R2HGの平均は0.07（$SD=0.08$）と右手型に比べて両手の利得は低く，個人差が大きかった。R2HGが最大であったのは，右手読速度213文字，左手読速度343文字，両手読速度443文字の対象者で，abs-RLHSは0.61，R2HGは0.29であった。

　一方R2HGが負数を示した対象者が4人おり，このうち3人のRLHSはそれぞれ8.67, 5.69, 3.62を示しており，左右差が極端に大きい対象者であった。さらにR2HGの値が0.1，すなわち両手による利得が10%を超えた対象者に着目すると，両手型は2人ともに，右手型は18人中16人（88.9%）が含まれているが，左手型16人には5人（31.3%）と少ないことがわかった。ここで，R2HGについて1要因参加者間計画による分散分析を行った結果，手のタイプ要因は有意であった（$F(2,33)=13.62, p<.01$）。LSD法による多重比較の結果，両手型，右手型，左手型の順に両手による利得が有意に大きいことがわかった（$MSe=0.0067, p<.05$）。

　以上の結果，両手読みの利得は読速度の左右差の小さい両手型に最も大きく現れた。また右手型と左手型では左右差の小さい対象者が多かった右手型に利得の大きい対象者が多く，左右差にばらつきの多い左手型には，利得が低いことがわかった。すなわち，点字を読む手のタイプにかかわらず，左右読速度の差が小さいほど両手読みの利得が大きいことが明らかになった。

(5) **点字指導と両手のメリット**

　Fig. 4-5は，対象者が点字学習開始時に指導を受けた点字を読む手について，タイプ別にその人数を示したものである。「左手主体で指導された。その理由は転写（左手で読みながら右手は点字盤で書き取るという，両手で読みと書きを同時に行うスキル）があるから」と回答したのが13人（36.1%）と最も

多く,「理由は不明だが右手主体で指導を受けた」は2人 (5.6%) であった。一方「両手を使う指導」は8人 (22.2%) で, このうち3人は「転写があるから左手も使えるようにと指導を受けた」と答えた。なお,「特に指導はなかった」が10人 (27.7%),「当時の記憶はない」が3人 (8.3%) であった。本調査結果の手のタイプと比較すると, 左手を主体に指導を受けた13人のうち5人が左手型であり, 8人は右手型となっていた。また,「両手を使う指導」と答えた8人の中で両手型を示した者はなく, 左手型が6人, 右手型が2人という結果となった。転写と点字を読む手の関係について, 右手型の中で左右差が最大かつ左手読速度が最低であった対象者は,「転写できる程度に左手でも読むことができるから特に不便はない。ピンティスプレイを使うので転写の機会は少なくなった」と答えた。

両手読みのメリットは全員が「ある」と回答した。その理由は,「右手が行末を読んでいる間に, 左手が先に次行に行き, 行頭を左手で読んでバトンタッチできる」「次の行を探す安定感がある」「片手読みは確認ができず読みづらい。お互いに助け合っている」などの表現で, 両手を効率よく使用できることを指摘した。さらに両手型の対象者は,「表に地図, 裏にその説明があると, 左右の手で紙を挟んで読むことができ, 注釈が別のページにあった

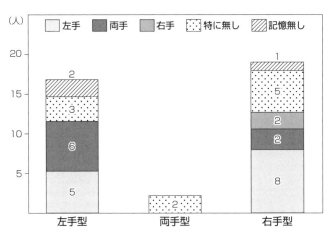

Fig. 4-5　タイプ別にみた点字導入時の手の指導

ときなど，別々のページを両手で読める」，またある右手型の対象者は，「ページの上部と下部を左右の手で別々に触って拾い読みができ，点字の答案の採点の際に左右の手を別の用紙の点字を比較しながら読むこともある」と回答し，左右それぞれの手で別の箇所を読むというスキルを報告した。

4 考 察

(1) 熟達者の点字読速度

　今回最高を記録した対象者の読速度は675文字であり，マス数では900を超える。過去の全日本点字競技大会最高記録は628文字であるので（日本盲人会連合，1997），600文字を超えた上位2人は音読条件では我が国トップクラスの点字読み熟達者と言えよう。また本調査3位の対象者がこの記録を20年前に達成していたが，今回は508文字であった。100文字以上も少なかったのは加齢によるものと考えられる。さらにこの対象者は「高校1年生のとき，教科書3ページ目の7行まで読んだことがある」と述べたが，これは700文字（1000マス）を超える読速度である。これらから，我が国の音読条件下での最高読速度は600〜700文字であると推察される。

　本調査において最高読速度を記録した読み方は，36人中33人（91.7％）が両手読みであったこと，また全員が両手のメリットを指摘していることから，従来から言われている片手だけより両手を使った読み方が速いこと（Bürklen, 1932; Millar, 1984; Mousty & Bertelson, 1985; Foulke, 1991）がこの結果からも指摘することができる。その理由を，ある対象者は「右手が行末を読んでいる間に，左手が先に次の行に行き，行頭を左手で読んでバトンタッチできる」と述べたが，片手読みでは行末から次の行頭まで指先を移動する時間が大きなロスを生じるが，左手が行の前半を受け持ち，右手は行末を読んでいるうちに，左手で次行の行頭を読み始めるという効率的な両手のストラテジーによるものと言える（木塚，1999）。

(2) 点字を読む手のタイプ別にみた特徴

1) 両手型

片手読速度の左右差が20%以内と定義したこのタイプは2人（5.6%）であり，熟達者の中では少数であることがわかった。1人（45歳）は全対象者の中で2番目となる629文字を記録しており，しかも片手読速度がいずれも500文字を超えるスキルは極めて理想に近い読み方と言えよう。どうしてこのような読み方ができるのかを尋ねたところ，「特に読み方を教わった記憶はない。ただ読書が好きというだけ。天性でしょうか」と答えた。もう1人（54歳）は両手読速度が358文字であり，対象者の中では下位グループであった。

研究2（第一章第2節）で述べた盲児の点字読速度発達から，点字導入時には両手型が多いが年齢の増加にしたがって右手あるいは左手優位になる傾向を指摘したが，45歳を超える年齢でありながら両手型を示したことは注目できる。さらに2人に共通するのは，両手の利得を示すR2HGの大きさである。両手型は右手型・左手型に比較してR2HGが有意に大きいことが示されたが，両名の値は0.52と0.22であり，全対象者の平均0.13を大きく上回っていた。

2) 右手型と左手型

片手読速度の差が20%を超える右手型は18人（50.0%），左手型は16人（44.4%）であり，その比率に差はみられなかった。ここでTable 4-2（94ページ）に示したタイプ欄の右手型と左手型の分布に着目すると，例えば最高読速度400文字を超えた20人では，右手型が13人（65%）に対して左手型は6人（30%）となり，右手重視の指導が望ましいようにもみえる。しかし，両タイプの速い手による片手読速度間に有意な差が認められなかった。このことは，片手読みに関して右手あるいは左手のいずれか一方の手が速いとは言えないことを示している。さらに利き手は1人を除いて右手であり，

左手が利き手の対象者の手のタイプは右手型であったことを考えると，Ittyerah（1993）やMillar（1997）の指摘と同様，読速度の速い手と利き手との関連性は薄いことが示唆された。

　ところで通常の読書において片手だけを使うことは極めて稀で，対象者全員が両手を使用するほうが読みやすいと報告した。これは何らかの機能を持たせて両手を使用していることを示しているが，必ずしも左手も右手も同等に使うことを意味するものではない（草島，1983; Millar, 1997）。結果から得られた両タイプの相違は，右手型の対象者18人中15人（83.3％）が左右の読速度の比が2対1以下であったこと，つまり，右手型の対象者は左右のどちらかと言えば右手が速いが，読速度の遅い左手も右手の50％以上の触読能力を獲得していることである。さらに両手読みの利得は右手型に利得の高い対象者が多く，左右差にばらつきの多い左手型は利得が低かった。このことが400文字以上の対象者に右手型が多く現れたと考えられる。すなわち，両タイプとも両手を使用しているが，左手型の対象者は右手を読みそのものに活用しているものが少ないことが推察される。

　これらの特徴はどこから生起したのか。筆者は，点字盤による「転写」という独特のスキルにその要因の一端があることが考えられる。「転写」は，読みながら点字盤を活用して書き写すという視覚障害教育では必須のスキルとされてきた。点字導入時の指導で左手を重視されたのは，転写を理由に挙げた対象者が16人（両手読みの指導を受けたものを含む）いたことからも明らかである。書字用具の点筆を利き手である右手に持てば必然的に読みに用いるのは左手となる。したがって，右手型の人は，読速度の遅い左手で読むことになる。実はこのことが右手型であっても左手読みがある程度の速度で読むことができるようになったのではないだろうか。一方，左手型の人は不自由なく転写が可能であり，理由がない限り右手を使用して読む「学習の機会」が必然的に少ないことが，左右差を大きくした要因ではないかと考えられる。

(3) 今後の課題

　熟達者には全日本点字競技大会優勝者が 13 人含まれていたが，全員が当時の記録を下回った。これは加齢によるものと推察される。読速度と加齢の関係は今後検討したい課題である。

第2節　点字読み熟達者の
　　　　点字を読む手の軌跡による研究（研究５）

1　目　的

　点字を読む様子を観察すると，さまざまな手の使い方があることがわかる。多くの点字使用者は右手と左手の両方を使用しているが，一方の手は紙面を押さえるだけで，点字読みには片手しか使わない者もいる。

　点字触読時の効率的な手の動かし方に関する研究を行った草島（1937，1983）は，左右の人差し指の行間の動きに着目した分析から，両手読みにおける手の使い方を次の6パターンに分類した。第Ⅰ型では左指は同伴せず，次の行頭で右指（読み指）が逆行左走してくるのを待機する。第Ⅱ型は左指が行の中程まで同伴し，ここで左指（同伴指）は右指（読み指）と別れる。第Ⅲ型は左指（同伴指）が行の終わり近くの句ぎれあたりまで右指（読み指）に同伴し，ここで左右に別れる。第Ⅳ型は終始左右両指頭を接して読み，そのまま行間運動を行う。第Ⅴ型は左指が読み指で，右指が援助指として働き，左指1本のみで行間運行をする。第Ⅵ型は行の前半を左指が，後半を右指が読む。さらに熊沢（1969）はこれらに加えて，第Ⅰ型とは正反対に左指だけで読む第Ⅶ型と，第Ⅱ型よりも左指の逆行がはるかに急で直線的に次の行頭に戻る第Ⅷ型の2パターンがあることを指摘した。このような手の使い方は，読速度の左右差が影響していることが考えられる。

　前節（研究4）では左右差が小さい対象者に両手の利得が大きいこと，右手優位と左手優位では右手優位な者に両手の利得が大きく現れ，左手優位の者は個人差が大きいことを述べたが，単純に手のタイプだけでは両手の利得

を十分に説明できなかった。

そこで本節の研究5では，熟達者の点字読みのビデオ画像をもとに手の使い方を分析し，両手の利得と読速度の左右差の視点から，軌跡パターンとその特徴を検討することを目的とした。

2　方　法

(1) 対象者

研究4（第二章第1節）の対象者のうち，ビデオ撮影ができなかった1人を除く35人の他に，新たに1人を追加した。得られた対象者は男性22人，女性14人，計36人である。調査実施時の平均年齢は39.0歳（SD=13.6），最高齢は62歳，最年少は15歳で，利き手は右手35人（97.2％），左手1人（2.8％）であり，全員が盲学校小学部1年時から点字を使用していた。

(2) 点字読速度の測定と点字を読む優位な手の決定

1）点字読速度の測定

読速度の測定は研究4（第二章第1節）と同じであり，その場面をビデオカメラ（SDR-SR12, SONY）で対象者の正面上方から記録した。

2）点字を読む優位な手の決定

研究2（第一章第2節）と同様に，片手読みの左右差の程度を示すRLHSを算出し，この値が0.2を超えたものを左手型（以下，L型），-0.2より小さいものを右手型（以下，R型），±0.2以内を両手型（以下，B型）と定義して分類した。その結果，B型は3人（8.3％），R型は17人（47.2％），L型は16人（44.5％）となった。さらに，両手読みと右手あるいは左手のうち読速度の速い手（以下，速い手）による片手の読速度を比較するため，片手読みに対する両手読速度の増減の割合を示すR2HGを算出した。Table 5-1に，対象者の点字読速度に関するプロフィールを示した。

Table 5-1　対象者の点字読速度に関するプロフィール

対象者ID		年齢	両手 （文字）	右手 （文字）	左手 （文字）	RLHS	R2HG	軌跡パターン	
								草島ら	牟田口
B型 (3人)	B1	45	629	517	501	-0.03	0.217	Ⅵ変形	両手活用型
	B2	15	495	324	309	-0.05	0.528	Ⅵ	両手活用型
	B3	54	358	218	236	0.08	0.517	Ⅵ変形	両手活用型
	Mean		494.0	353.0	348.7	0.00	0.420		
	SD		110.6	123.8	111.8	0.06	0.144		
R型 (17人)	R1	40	675	547	286	-0.91	0.234	Ⅵ	両手活用型
	R2	53	508	456	321	-0.42	0.114	Ⅵ	両手活用型
	R3	40	502	407	292	-0.39	0.233	Ⅵ	両手活用型
	R4	47	466	383	223	-0.72	0.217	Ⅵ	両手活用型
	R5	47	455	372	302	-0.23	0.223	Ⅵ	両手活用型
	R6	57	446	379	244	-0.55	0.177	Ⅵ	両手活用型
	R7	17	438	344	237	-0.45	0.273	Ⅵ	両手活用型
	R8	33	430	361	257	-0.40	0.191	Ⅵ	両手活用型
	R9	30	426	357	226	-0.58	0.193	Ⅵ	両手活用型
	R10	25	424	382	195	-0.96	0.110	Ⅵ	両手活用型
	R11	50	418	361	199	-0.81	0.158	Ⅷ	非両手活用型
	R12	62	414	364	221	-0.65	0.137	Ⅵ	両手活用型
	R13	34	396	392	134	-1.93	0.010	Ⅰ	非両手活用型
	R14	42	393	356	213	-0.67	0.104	Ⅵ	両手活用型
	R15	45	382	323	257	-0.26	0.183	Ⅵ	両手活用型
	R16	56	367	331	211	-0.57	0.109	Ⅵ	両手活用型
	R17	23	356	314	156	-1.01	0.134	Ⅱ	非両手活用型
	Mean		440.9	378.2	233.76	-0.68	0.165		
	SD		71.2	53.1	48.25	0.38	0.063		

（右ページへつづく）

3）軌跡の解析方法

　草島（1937, 1983）と熊沢（1969）は独自の触運動記録装置を用いているが，筆者はビデオによる観察からその軌跡を記録した。対象者の両手読みによるビデオ画像を1秒30コマに分割して再生し，各行における左手だけを使用する読み方（以下，左手），両手を併行させる読み方（以下，両手併行），右手だけを使用する読み方（以下，右手）を目視により特定した。その作業は筆

	対象者ID	年齢	両手（文字）	右手（文字）	左手（文字）	RLHS	R2HG	軌跡パターン 草島ら	軌跡パターン 牟田口
L型（16人）	L1	49	484	105	485	3.62	-0.002	V型変形	非両手活用型
	L2	49	452	295	414	0.40	0.092	Ⅵ変形	両手活用型
	L3	41	443	213	343	0.61	0.292	Ⅵ変形	両手活用型
	L4	53	445	72	440	5.11	0.011	V型変形	非両手活用型
	L5	54	424	45	435	8.67	-0.025	Ⅶ	非両手活用型
	L6	19	421	186	382	1.05	0.102	V	非両手活用型
	L7	52	416	196	361	0.84	0.152	Ⅵ変形	両手活用型
	L8	17	387	263	355	0.35	0.090	Ⅵ変形	両手活用型
	L9	35	381	167	377	1.26	0.011	Ⅵ変形	両手活用型
	L10	53	380	123	379	2.08	0.003	Ⅳ	非両手活用型
	L11	42	377	61	330	4.41	0.142	V	非両手活用型
	L12	30	367	55	368	5.69	-0.003	Ⅶ	非両手活用型
	L13	30	360	78	327	3.19	0.101	V	非両手活用型
	L14	17	352	179	358	1.00	-0.017	Ⅵ変形	両手活用型
	L15	32	357	223	330	0.48	0.082	V型変形	非両手活用型
	L16	16	351	159	339	1.13	0.035	V型変形	非両手活用型
	Mean		399.8	151.3	376.4	2.49	0.067		
	SD		40.0	74.9	44.1	2.34	0.081		

1) RLHS =（左手読速度 − 右手読速度）／遅い手の読速度
2) Bは両手型(-0.2≦RLHS≦0.2)，Rは右手型（RLHS＜-0.2），Lは左手型（RLHS＞0.2）を示す．
3) R2HG =（両手読速度 − 速い手の読速度）／速い手の読速度
4) 両手活用型は，1行の中に左手，両手併行，右手の三つの手の使い方が観察される読み方，非両手活用型はこれらの一部しか観察されない読み方．

者を含めた2人が別々に行い，不一致の箇所は合議の上で決定した．

　さらに，左手，両手併行，右手それぞれの方法で読んだ1行あたりの平均マス数を算出した．その際，課題文の第1パラグラフ7行のうち，2行目から6行目までを使用した．これは，1行目は行頭に両手を置くように指示を与えたこと，また改行する7行目はマス数が少なくなることから，いずれも手の使い方に影響することを考慮したものである．5行分の総マス数は141マスで，1行あたり28.2マスであった．軌跡解析の例をFig. 5-1に示した．

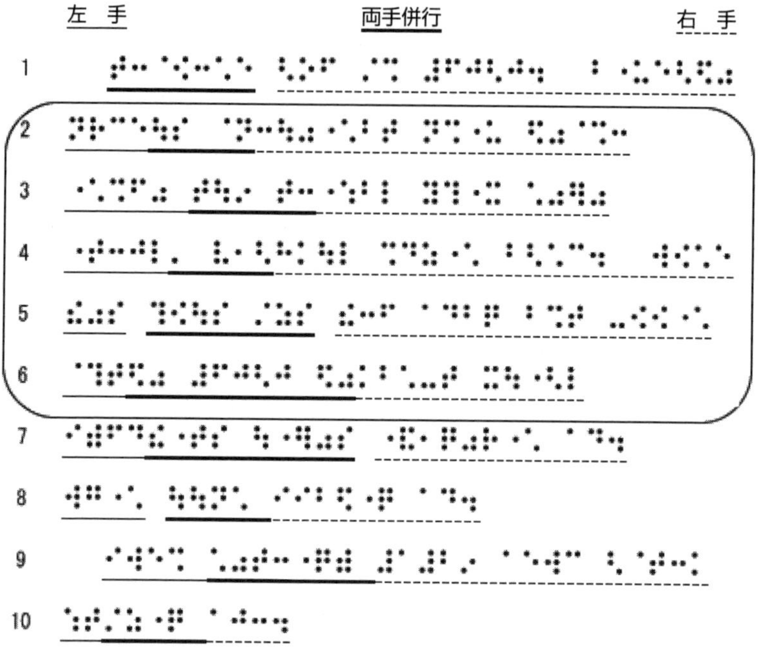

Fig. 5-1 軌跡解析の例

左手読みは細実線，両手併行は太実線，右手読みは破線の箇所である。
定量化にあたっては，枠で囲んだ2行目から6行目までを分析対象とした。
(Fig. 5-3 ～ Fig. 5-12 も同じ)

(3) 分析方法

1) タイプ別に見た割合の比較

各タイプの比較を行うために，それぞれの手で読んだ割合（%）を角変換後，手のタイプ（L型・B型・R型）と使用した手（左手，両手併行，右手）を要因とした2要因混合計画による分散分析を行った。

2) 両手活用型と非両手活用型別の比較

2つの型について，読速度の左右差と両手読みの利得を，Welch の方法によるt検定を行った。

3 結 果

(1) 出現した軌跡パターン

36人の軌跡パターンを草島（1937, 1983）・熊沢（1969）に倣って第Ⅰ型から第Ⅷ型に分類した。その出現率を Fig. 5-2 に，また各パターンの特徴が顕著に観察された対象者の軌跡を Fig. 5-3 から Fig. 5-12 に示した。課題文2行目から6行目までの読みに使用している手を，左手は細実線，両手併行は太実線，右手は破線のアンダーラインで表示した。

1）第Ⅰ型

右手だけで読み，左手は読みに用いない。右手が読んでいる間に左手は同時に次行頭に進んで待機し，行移しは右手のみで行うものである。Fig. 5-3 に対象者 R13 の軌跡を示した。この型は1人のみ（3%）であった。

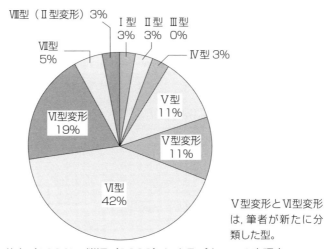

Fig. 5-2 草島（1983）・熊沢（1969）によるパターンの出現率

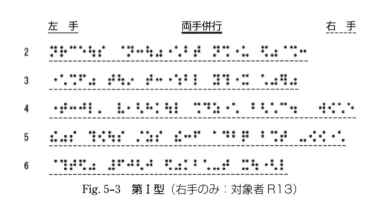

Fig. 5-3　第Ⅰ型（右手のみ：対象者R13）

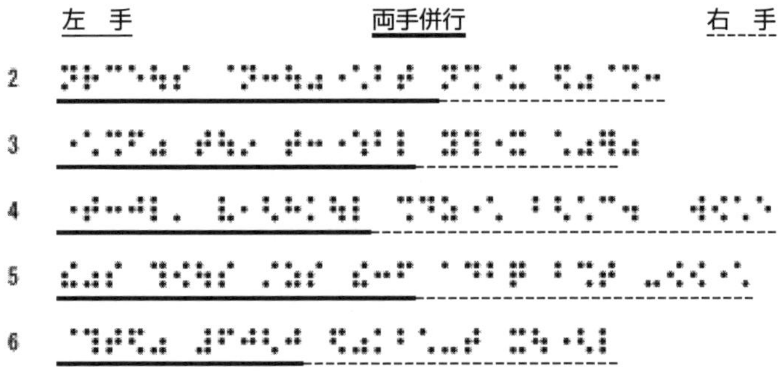

Fig. 5-4　第Ⅱ型（前半両手，後半右手：対象者R17）

2）第Ⅱ型

　行の前半は左右両手で読み進め，後半は右手のみ読み続ける。このとき左手は次行端に移動して待機し，行移しは右手のみで行うものである。この型も対象者R17（Fig. 5-4）のみの1人（3%）であった。

3）第Ⅲ型

　行頭から行末近くまで両手で読み進め，行末は右手だけで読み，行移しは左手が先に開始して右手はやや遅れて行うものである。Fig. 5-5 は，この定義にしたがって作成した軌跡である。本研究の対象者でこの型に該当する者はなかった。

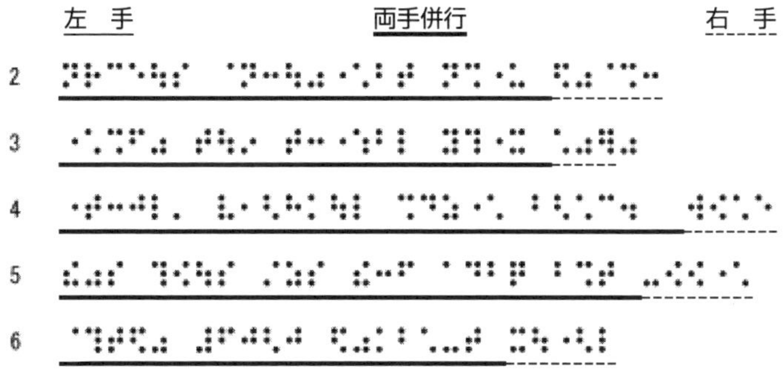

Fig. 5-5　第Ⅲ型（両手併行，行末右手：対象者なし）

4) 第Ⅳ型

　この型は終始両指を接触させたまま読み進め，行移しも両手は常に接触するという特徴がある。Fig. 5-6 は対象者 L10 の軌跡である。4 行目行頭のみ左手読みがみられるが，他の行はすべて両手併行であり，この型と判断した。左手が右手を押すような動きで，行移しは左手が先行し，右手は一瞬遅れて続いた。この型も1人（3%）であった。

5) 第Ⅴ型

　行のほとんどを左手で読み，行末でわずかに両手併行が観察される。終始，左手で読み，右手は行末の小範囲のみで同伴するので，左手で読むのと変わ

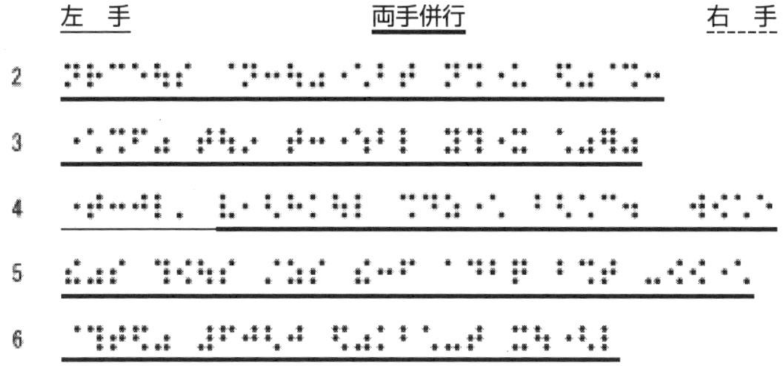

Fig. 5-6　第Ⅳ型（両手併行：対象者L10）

りがない。この型には，L型の4人（11%）が該当した。Fig. 5-7は対象者L11の軌跡である。

6) 第V型変形

　第V型と異なるのは，左手と両手併行の割合である。左手は行頭の数文字のみで，行のほとんどを両手併行させている。草島（1937, 1983），熊沢（1969）にはみられなかった型で，L型の4人（11%）が該当した。Fig. 5-8は対象者L1の軌跡である。

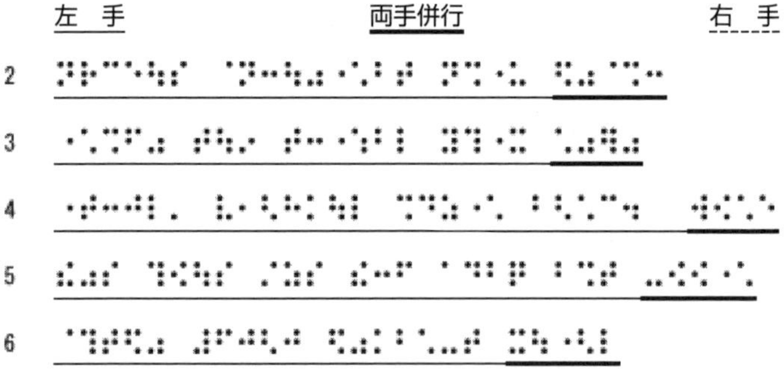

Fig. 5-7　第V型（行末のみ両手：対象者L11）

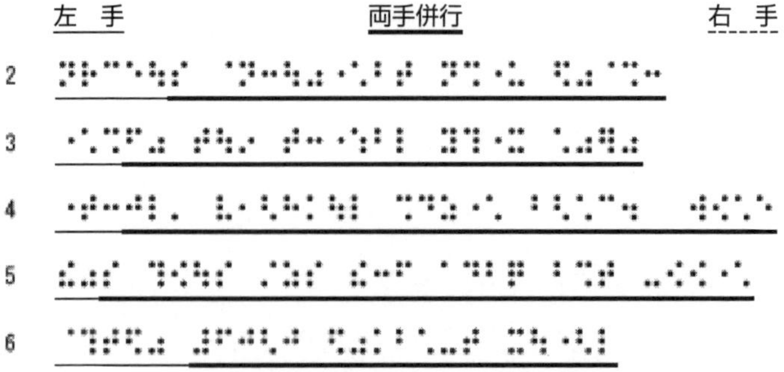

Fig. 5-8　第V型変形（行頭のみ左手：対象者L1）

7) 第Ⅵ型

　この型は，左右両手が同一行の左右両端から行の中程まで迫ってある地点で接触し，そこで左手から右手へと読む手が入れ替わる読み方であり，草島（1937, 1983）の模式図では両手が併行するところは全くない。今回の対象者に，両手併行がわずかにみられるが，行頭は左手，行末は右手という分割した読み方が観察されたので，これを第Ⅵ型とした。その結果，B型1人とR型14人の合計15人（42％）が該当した。Fig. 5-9は対象者R9の軌跡である。

8) 第Ⅵ型変形

　上記の定義と比較すると，行頭は左手，行末は右手という分割した読み方は同一であるが，行中程の両手併行が長い読み方であり，これをⅥ型変形とした。B型2人とL型5人の合計7人（19％）が該当した。Fig. 5-10は対象者L3の軌跡である。

9) 第Ⅶ型

　この型は草島（1937, 1983）にはみられず，熊沢（1969）の定義によるものである。第Ⅰ型と正反対の動き，すなわち左手だけが触読指として働き，右手は行末部分でわずかな動きをみせるだけで停留し，行移しは左手のみで行う。これにはL型の2人（5％）が該当した。Fig. 5-11は対象者L5の軌跡

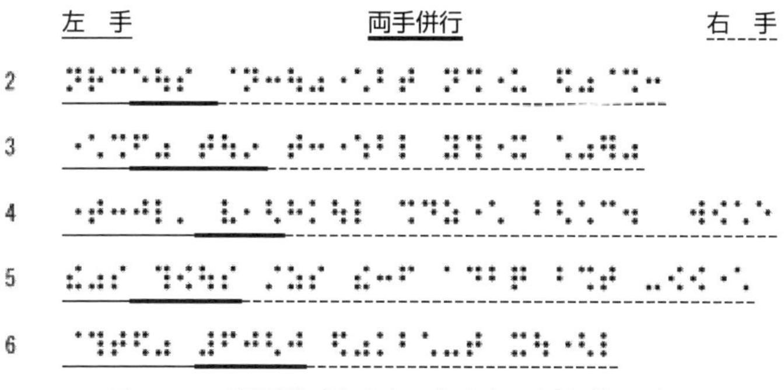

Fig. 5-9　第Ⅵ型（前半左，後半右：対象者R9）

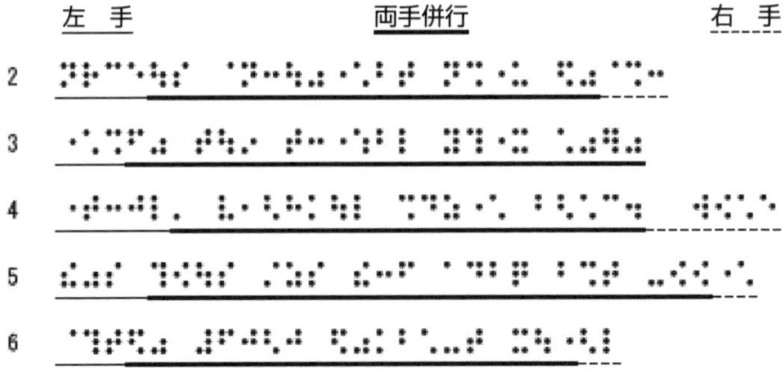

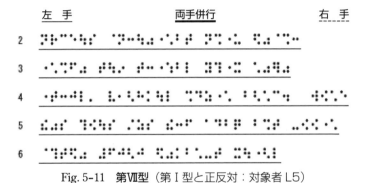

Fig. 5-10　第Ⅵ型変形（中程に両手併行：対象者L3）

Fig. 5-11　第Ⅶ型（第Ⅰ型と正反対：対象者L5）

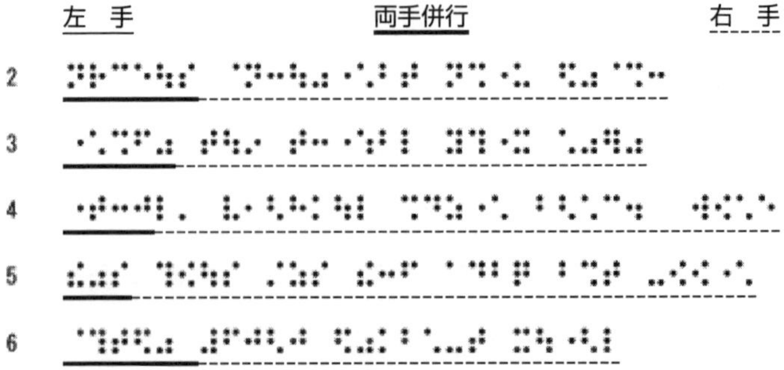

Fig. 5-12　第Ⅷ型（行頭のみ両手併行：対象者R11）

である。

10）第Ⅷ型

これも熊沢（1969）の定義であり，第Ⅱ型よりも左手の逆行がはるかに急で，直線的に次の行頭に戻っているという第Ⅱ型の変形である。対象者 R11（Fig. 5-12）のみ1人（3%）が該当した。

(2) 手の使い方タイプ別にみた軌跡とその特徴

次に対象者の手の使い方タイプ別にみた軌跡からその特徴を検討した。

1）B型

Fig. 5-13 は B1 が読んだ課題文の1行目から10行目までの軌跡を示したものである。この対象者は，両手読速度が 629 文字，右手が 517 文字，左手が 501 文字であり，2番目に読速度の速かったケースである。測定開始時に

【B型】

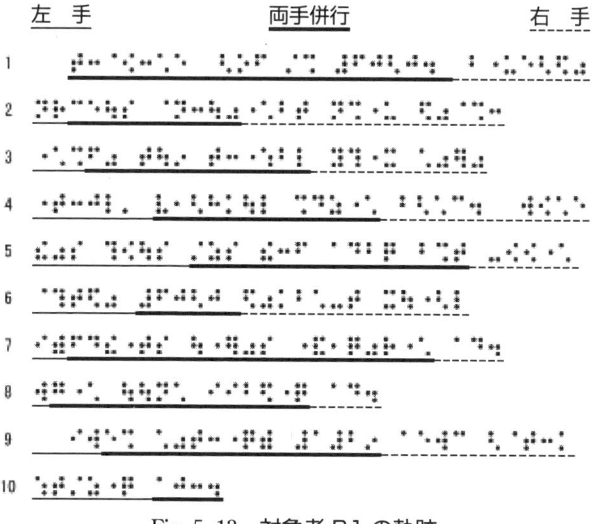

Fig. 5-13　対象者B1の軌跡

両手を置くように指示した1行目と，改行により文字数の少ない10行目を除き，その他の行には「左手読み」「両手併行」「右手読み」が観察された。

Fig. 5-14に示したB2は15歳と最年少ながら，両手読速度が495文字，右手が324文字，左手が309文字であり，5番目に読速度の速かったケースであった。また，速い手の右手読速度に対して両手読速度は170文字増加しており，両手の利得（R2HG）は0.53と最大値を示していた。この対象者も1行目と10行目を除いて「左手読み」「両手併行」「右手読み」が観察された。また，文字数の少ない10行目は，行頭を左手で読み，すぐに右手が後に続いており，両手併行の箇所がみられなかった。B1と比較すると，両手併行の割合が少ないという特徴がみられた。

B3は両手読速度が358文字，右手が218文字，左手が236文字で，B型ではあるが読速度は下位に位置していた。この対象者は左手が右手よりも速いが，B2と同様に，R2HGは0.52と高い値を示していた。この対象者も1行目を除いて「左手読み」「両手併行」「右手読み」が観察されており，B1と似た両手併行の割合が多いという特徴がみられた（Fig. 5-15）。

2) R型

R型を示した17人では，14人にB型と同じ「左手」「両手併行」「右手」の3つの使い方が観察された。ここでは全対象者36人中で最も読速度が速かったR1と，これ以外の軌跡を示した3人の対象者を検討した。

R1は，両手読速度が最高の675文字であり，右手が547文字，左手が286文字であった。B型の3人と同様に，1行目を除き，すべての行で「左手」「両手併行」「右手」が観察された（Fig. 5-16）。

R11は両手が418文字，右手361文字，左手が199文字で，RLHSは-0.81であった。1行目と7行目は全て読速度の速い右手を使用し，その他の行は行頭部分を両手併行，行のほとんどで右手を使用していた。読速度の遅い手である左手による読み方は全く観察されなかった（Fig. 5-17）。

Fig. 5-18には，両手が356文字，右手314文字，左手が156文字であっ

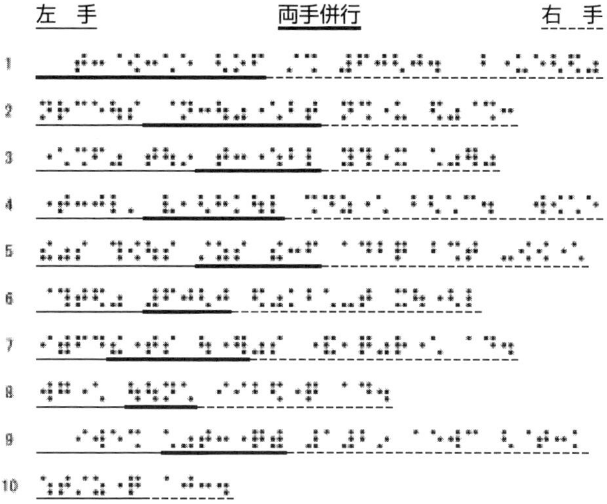

Fig. 5-14　対象者 B2 の軌跡

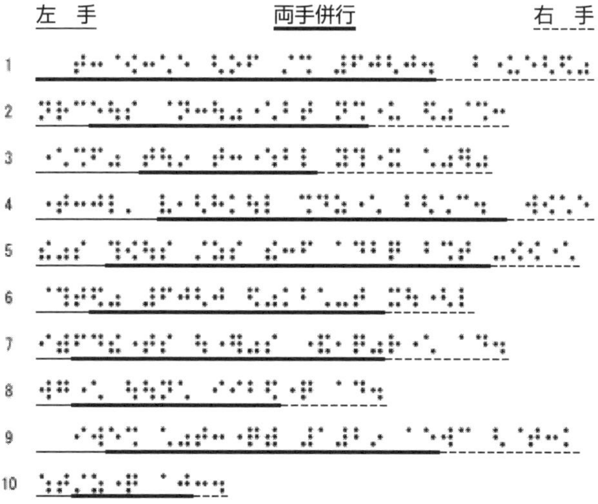

Fig. 5-15　対象者 B3 の軌跡

【R 型】

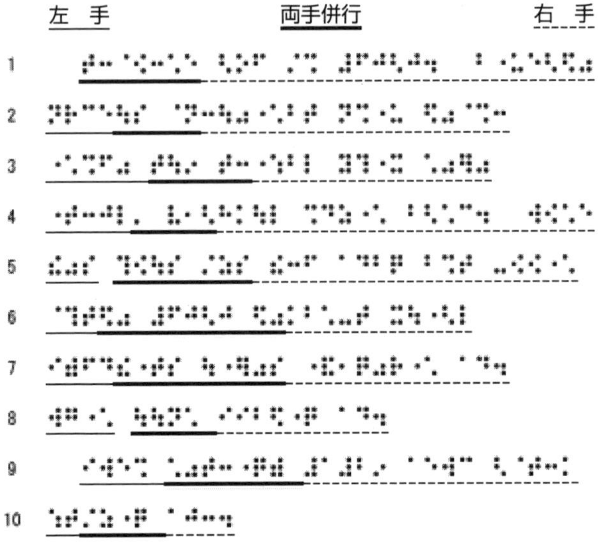

Fig. 5-16　最高読速度を示した対象者 R1 の軌跡

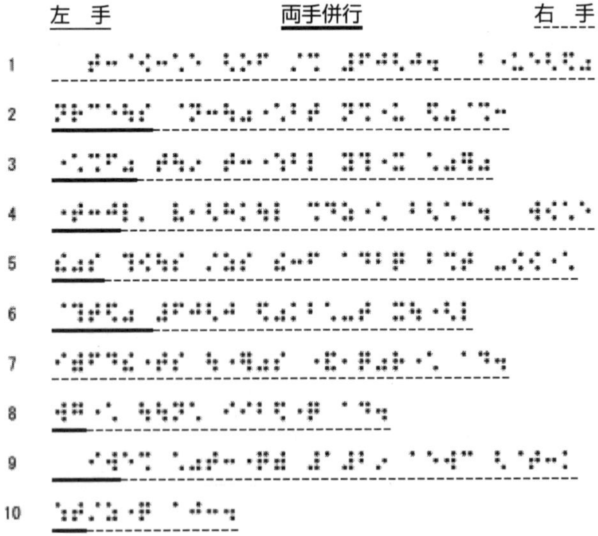

Fig. 5-17　対象者 R11 の軌跡

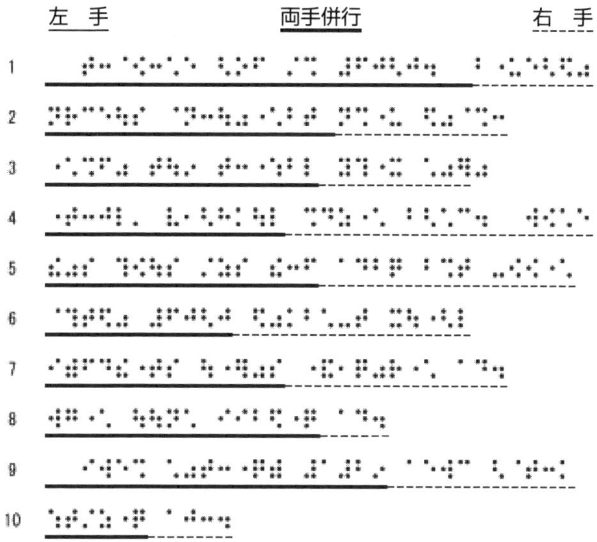

Fig. 5-18　対象者R17の軌跡

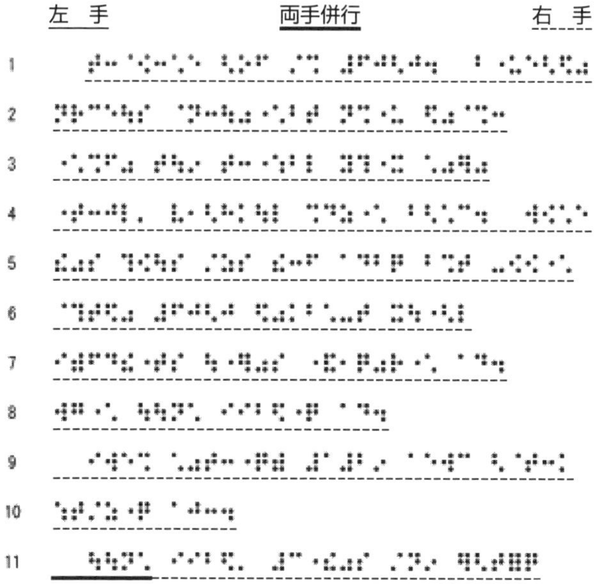

Fig. 5-19　対象者R13の軌跡

た対象者R17の軌跡を示した。RLHSは-1.01で，R型では2番目にその値が大きかった。R11と比べて両手併行を使った読み方が多く観察されるが，読速度の遅い手である左手による読み方は全く観察されないという共通点があった。

　Fig. 5-19は，R型では左右差が最も大きかった対象者R13の軌跡である。両手が396文字，右手314文字，左手が134文字で，RLHSは-1.93を示した。他のR型と異なり，1ページ17行のうち，両手併行が観察されたのは11行目のみで，後はすべて右手だけを使用していた。なお，軌跡図には，両手併行が観察された11行目までを記した。

3) L型

　L型は16人である。このうち7人はB型と同じ「左手」「両手併行」「右手」の3つの使い方がみられた。9人はL型特有の軌跡であったので，その代表例を取り上げた。

　Fig. 5-20は，L型で最も読速度が速かった対象者L1の軌跡である。その読速度は両手が484文字，右手105文字，左手が485文字で，RLHSは3.62であった。1行目を除き，行頭の一部を左手で読み，すぐに右手を揃えた両手併行であった。また，読速度の遅い手である右手による読み方は全く観察されなかった。

　L10は読速度が両手380文字，右手123文字，左手が379文字であった。4行目と9行目に左手読みがみられるが，ほとんど両手併行させていた。しかしビデオを観察すると，左手と右手を揃えて読み進めているが，左手が右手を押すような読み方であり，行末では右手を持ち上げて左手ですべての文字を読んでいた。右手による読み方は全く観察されなかった（Fig. 5-21）。

　L11は読速度が両手377文字，右手61文字，左手が330文字で，RLHSが4.41であった。段落末の10行目は左手だけであるが，その他の行は行頭からの大部分を左手で読み，行末のわずかを両手で読んでいる軌跡であった。この対象者にも右手による読み方は全く観察されなかった（Fig. 5-22）。

【L型】

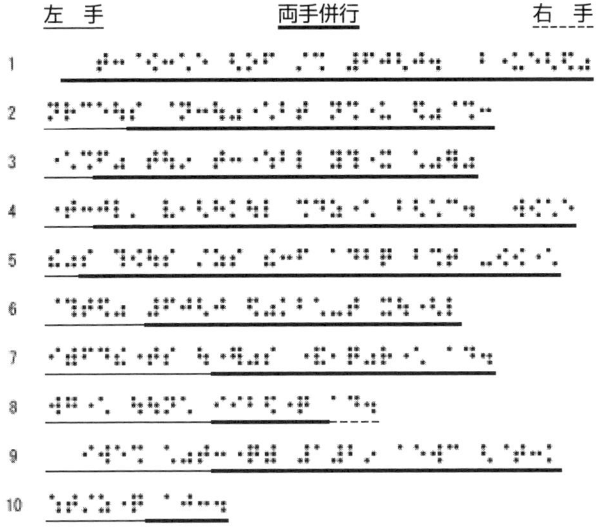

Fig. 5-20　対象者L1の軌跡

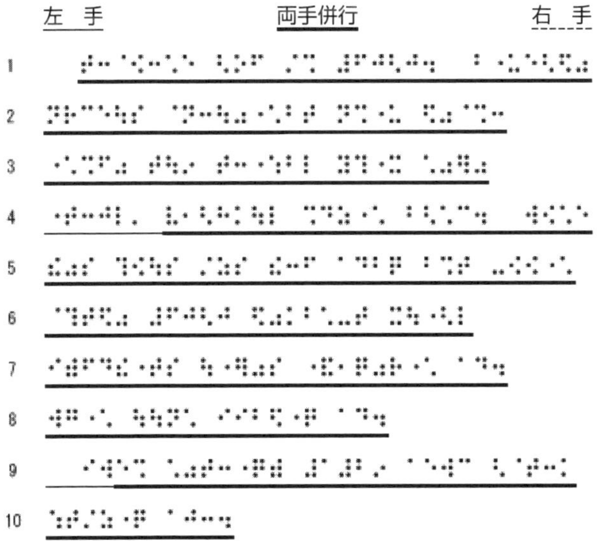

Fig. 5-21　対象者L10の軌跡

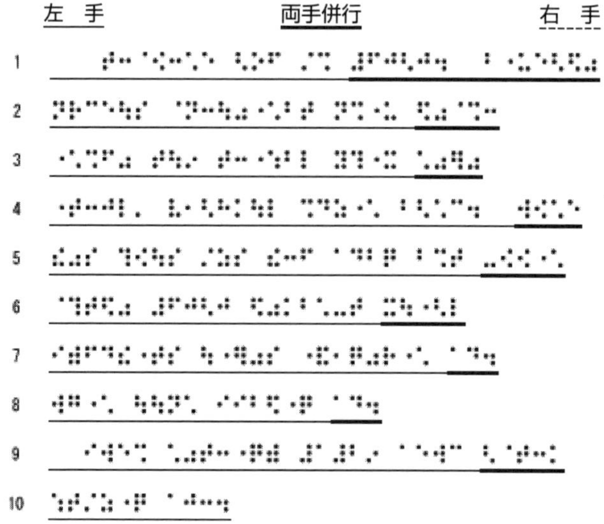

　　　　　　左　手　　　　　　両手併行　　　　　　右　手

(braille lines 1-10)

Fig. 5-22　対象者L11の軌跡

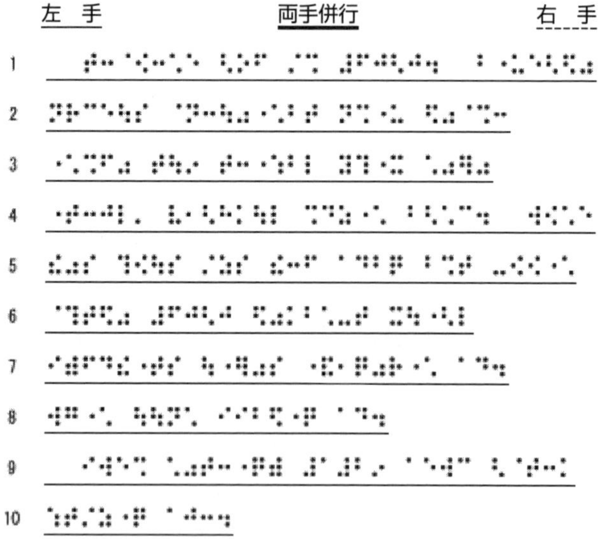

　　　　　　左　手　　　　　　両手併行　　　　　　右　手

(braille lines 1-10)

Fig. 5-23　対象者L5の軌跡

Fig. 5-23は，ただ1人左手のみしか観察されなかった対象者L5の軌跡で

ある。読速度は両手 424 文字，左手 435 文字に対して，右手はわずかに 45 文字であり，RLHS は 8.67 と 36 人の中で最大であった。

(3) 点字を読む手の定量的検討

手の使い方を定量的に検討するため，1 行あたり平均 28.2 マスについて，「左手」「両手併行」「右手」それぞれの方法で読んだマス数を求めた。

Fig. 5-24 は，各対象者の 1 行を読む際に使用した手の使い方の割合（％）を示したものである。これらについて各対象者の RLHS の値に基づく B 型（−0.2≦RLHS≦0.2），R 型（RLHS<−0.2），L 型（RLHS>0.2）ごとに結果をまとめた。

1）B 型

Fig. 5-24 の上段の B1 から B3 に B 型 3 人の結果を示した。B1 は，行頭から 5.4 マス（19.2％）を左手，行中央の 12 マス（42.6％）を両手併行，行末 10.8 マス（38.2％）を右手で読んでいた。B2 と B3 も手の使い方の割合に違いはあるが，3 人に共通して，行頭は左手，行中央は両手併行，行末部分は右手を使用していた。

2）R 型

Fig. 5-24 の中段に，R 型 17 人の手の使い方を示した。両手読速度が 675 文字，右手読速度が 547 文字，左手読速度が 286 文字を記録した対象者の中で最も読速度が速かった R1 は，行頭から 4.8 マス（17.0％）を左手，行中央の 7.4 マス（26.2％）を両手併行，行末の 16.0 マス（56.8％）を右手で読んでいた。また，17 人のうち 14 人（82.4％）は，B 型と同様，3 つの使い方の割合に違いはあるが，左手，両手併行，右手を使用していた。

一方，R11，R13，R17 の 3 人（17.6％）は，これらとは異なる手の使い方を示した。R11 は，行頭の 1 文節に相当する 5.3 マス（18.4％）のみ左手を用い，右手と接触した直後に左手は次行へ移動し，残りの 22.9 マス（81.6％）

Fig. 5-24 タイプ別に見た1行あたりの手の使い方

を右手だけで読んでいた。R13 は, すべてを右手のみで読んでいた。左手は行頭部分に待機しているものの, 右手が行末を読み終えて, 次行に移動して左手に接触する直前に左手を浮かせ, 右手が行頭から読み進めていた。R17 は両手併行が 14.8 マス (52.5%), 右手が 13.4 マス (47.5%) でその割合はほぼ等しかった。R11 の RLHS は -0.81 であるが, R13 は R 型で最大の -1.93, R17 は -1.01 を示しており, この2人は左手読速度が右手読速度の半分以下の対象者であった。3人とも読速度の遅い左手を使う場面は観察されなかった。

3) L型

Fig. 5-24 の下段は, L 型 16 人の手の使い方を示したものである。L2, L3, L7, L8, L9, L14 の 6 人 (37.5%) には, B 型と同様に左手, 両手併行, 右手の読みが観察された。一方, その他の 10 人 (62.5%) には読速度の遅い右手読みは全く観察されなかった。L15 を除く 9 人の RLHS をみると, その値はいずれも 1.0 を超えており, L5 は最大の 8.67 を示していた。

(4) 各タイプの比較

次にタイプ別にそれぞれの手で読んだ割合 (%) を角変換後, これらの比較を行った。Fig. 5-25 は, 読みに用いた手の割合の平均 (角変換後の値, 以下同じ) を示したものである。主に行頭部分を読む「左手」では, L 型が 41.0 (SD=24.3) と最も多く, 次いで B 型の 27.0 (SD=2.7), R 型が 19.5 (SD=9.5) と最も少なかった。

行中程で多く観察される「両手併行」では, L 型が 46.4 (SD=23.0), B 型が 40.7 (SD=7.7), R 型は 27.7 (SD=9.6) となった。主に行末部分を読む「右手」では, L 型は 6.7 (SD=9.0) と最も少なく, B 型が 36.9 (SD=5.7), R 型は 53.8 (SD=11.5) と最も多かった。ここで手のタイプ (L 型・B 型・R 型) と使用した手 (左手, 両手併行, 右手) を要因とした 2 要因混合計画による分散分析の結果, 手のタイプ条件と使用した手の条件の交互作用が有意で

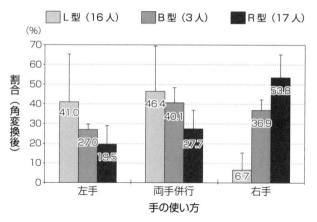

Fig. 5-25 タイプ別にみた手の使い方

あった（$F(4,66)=6.85, p<.01$）。水準別誤差項を用いた単純主効果検定によれば，左手読みならびに両手併行条件では手のタイプ条件の効果は有意でなかったが，右手読み条件において手のタイプ条件の効果が有意であった（$F(2,33)=34.23, p<.01$）。右手読み条件における手のタイプ条件別の割合について，LSD法による多重比較の結果，R型はB型およびL型より右手で読んだ割合が有意に高く，またB型もL型よりその割合は有意に高かった（$MSe=109.82, p<.05$）。

次に，手のタイプ別に使用した手の割合について単純主効果を検定した結果，B型では使用した手の割合に有意差はなく，R型とL型で有意差があった（R型 $F(2,66)=5.71, p<.01$；L型 $F(2,66)=8.25, p<.01$）。LSD法による多重比較の結果，R型では左手を使用した割合と両手併行の割合の間に有意差がなく，右手を使用した割合は左手や両手併行の割合よりも有意に高かった（$MSe=371.10, p<.05$）。L型では左手と両手併行の割合の間に有意差はなく，右手を使用した割合は左手や両手併行の割合よりも有意に低かった（$MSe=371.10, p<.05$）。

(5) 左右差・両手の利得との関係からみた新たな分類

1）両手活用型と非両手活用型

対象者の軌跡を検討した結果，草島（1937, 1983）や熊沢（1969）が分類した8つの型の内の7つと，これらには該当しない2つの型が現れた。しかしながら，いずれの型に該当するかその特定に迷うケースもあった。そこで，簡便でしかもその特徴が明確にわかる新たな分類を検討した。それは，1行の中に左手，両手併行，右手の3つの手の使い方が観察される両手活用型（以下，a型）と，これらの一部しか観察されない非両手活用型（以下，非a型）による分類である。なお，Fig. 5-24に示した対象者L9は行末の0.8マス（3％）を右手で読んでいたが，右手使用は1行のみで他の行には全く観察されなかったので，非a型に分類した。その結果，a型は22人（61.1％），非a型は14人（38.9％）となった（Fig. 5-26）。さらに手のタイプ別にみると，a型には，L型16人中5人（31.3％），R型17人中14人（82.4％），B型3人中3人（100％）が，これに対して非a型には，L型11人（68.7％）とR型3人（17.6％）が含まれた。

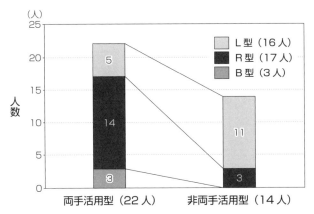

Fig. 5-26 両手活用型・非両手活用型のタイプ別分類

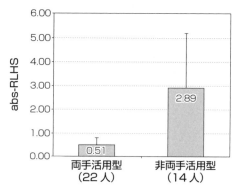

Fig. 5-27 両手活用型・非両手活用型別にみた左右差（abs-RLHS）の比較

2）読速度の左右差

Fig. 5-27 は，a 型と非 a 型の RLHS を比較したものである。RLHS は左手が優位の場合は正数で，右手が優位の場合は負数で示されるため，ここではその絶対値（以下，abs-RLHS）を比較した。その結果，左手読み，両手併行，右手読みのいずれもが出現する a 型の平均は 0.51（SD=0.28）に対して，その一部しか出現しない非 a 型は 2.89（SD=2.29）を示した。ここで両者の平均値の差の検定を行った。分散の大きさが等質とみなせなかったので（$F(21,13)$=71.44, p<.01），Welch の方法による t 検定を行った結果，2 グループ間の平均の差は有意であった（両側検定：$t(13)$=3.73, p<.01）。このことから，a 型は非 a 型より左右差が小さいことがわかった。

3）両手読みの利得

Fig. 5-28 は a 型と非 a 型の R2HG を比較したものである。a 型の平均は 0.20（SD=0.12）に対して，非 a 型は 0.05（SD=0.06）を示した。そこで両者の平均値の差の検定を行った。ここでも分散の大きさが等質とみなせなかったので（$F(21,13)$=4.04, p<.05），Welch の方法による t 検定を行った。その結果，2 グループ間の平均の差は有意であった（両側検定：$t(33)$=4.54, p<.01）。このことから，a 型は非 a 型より両手の利得が大きいことがわかった。

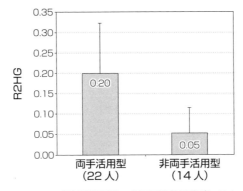

Fig. 5-28 両手活用型・非両手活用型別にみた両手読みの利得（R2HG）の比較

4 考察

(1) 草島・熊沢による軌跡パターンの分類

本研究では，草島（1937, 1983）の6パターンと熊沢（1969）の2パターンの定義に従い，熟達者の手の使い方を検討した結果，行頭から行末近くまで両手で読み進め，行末は右手だけで読む第Ⅲ型に相当する対象者はいなかった。

一方でこれらのいずれにも該当しない別の2パターンが観察された。ひとつは行頭からの大半を左手で読み，行末の一部に両手併行が現れる第Ⅴ型とは異なり，行のほとんどを両手併行させる第Ⅴ型の変形であった。もうひとつは，第Ⅵ型の変形である。

第Ⅵ型とは，左右両手が同一行の左右両端から行の中程まで迫ってある地点で接触し，そこで左手から右手へと読む手が入れ替わる読み方で，完全に左右の手が独立した読みを行うものとされている。かなりの速度で移動する行の途中で，両手併行の動きが全くみられずに左右の手が入れ替わることが

可能かとの疑問が残るが，本研究では両手併行がわずかにみられるパターンをⅥ型とし，Ⅵ型変形は両手併行の範囲が行の半分以上にみられるパターンとした。

その結果，熟達者には9つの軌跡パターンが出現したことになる。草島（1983）は，「第Ⅰ・第Ⅱ・第Ⅴ型は，両手による呼応・協働効果を十分享受しておらず，能率の高い行間運動とは言い難い」と述べた。しかし本対象者には，第Ⅰ型と第Ⅱ型にそれぞれ1人，第Ⅴ型とその変形にそれぞれ4人の計10人（28％）が該当した。さらに，「第Ⅵ型も両指を使ってはいるが，実は片手読みを左右で分担したものであり，行間運動も片手読みのそれとほとんど異ならない」として草島が推奨しないⅥ型とその変形には22人（61％）が該当した。

一方，「行間運動は，特に第Ⅲ型，第Ⅳ型が有効であるから，これを推奨したい」という2つの型ではⅣ型に1人（3％）しか該当しておらず，草島の推奨する読み方とは異なる結果となった。

(2) 点字を読む手

点字を読む手の使い方を読速度の左右差から検討した結果，対象者は読速度の速い方の手を主に使っていることが明らかになった。Fig. 5-24（126ページ）に示した各対象者の左手読みと右手読みを比較すると，R型では全員に優位な右手だけの読み方が多く出現し，逆にL型では不得意な右手読みは16人の内の6人（37.5％）にしか観察されていない。このことはFig. 5-25からも示された。すなわち，R型では右手が左手より使用した手の割合が有意に高く，L型では右手を使用した割合は左手の割合よりも有意に低かったという結果である。

では，両手を併行させるときの読み指はどうであろうか。Fig. 5-24では左手優位のL型に両手併行が多く観察されており，L型は両手併行と左手との間に有意差はみられなかった。つまり，L型は左手と同程度の割合で両手併行による読み方が観察されたことが示された。ただ1人，行のすべてを

両手併行させる第Ⅳ型を示した L10 の左手読速度は 379 文字，右手読速度は 123 文字で RLHS は 2.08，また両手読速度は 380 文字で R2HG は 0.003 であり，左手読速度と違いはない。ビデオ画像では両手を併行させているが左手が右手を押す動きをしており，行末は右手を持ち上げて左手で読んでいることが観察されたことからも，読み指はすべて左手であると考えるのが妥当であろう。

　また，行頭を左手で読み，残りの大部分を両手併行させる第Ⅴ型変形に分類された対象者 L1，L4，L16 の RLHS は，3.62，5.11，1.13 と 1.0 を超える。また両手の利得はそれぞれ -0.002，0.011，0.035 であり，彼らも L10 と同様に読み指は左手と思われる。草島（1983）は両手併行の意義について，「同伴指は読み指に同伴することにより，読み指が行を脱線するおそれがなくなり，点字読みにおいて感情上安定感・確実感を与える」ことを指摘している。いずれの手が優位であっても左右差が大きい対象者の遅い手は読み指としてではなく，これらの機能として活用していると推察される。さらに，草島（1983）・Bürklen（1932）は，両手を揃えることによってできるだけ「知覚の窓」を拡げる機能があることを指摘している。もしそうであれば，成果として両手の利得に反映されるであろうが，本研究では検討できなかった。また草島（1983）のような特別な記録機器を使用しておらず，熟達者の読速度測定の映像を用いた。今後速読時の手の使い方を定量的に記録できる機器によって検討できれば，さらに詳細な分析が可能であると考える。

(3) 両手活用型と非両手活用型による新たな分類

　草島（1983）も指摘したように対象者はすべての行を同一のパターンで読むことはなく，その特定には困難を伴ったが，9 つの多様なパターンが現れた。そこで今回，新たな定義で分類を検討した。それは，1 行の中に左手，両手併行，右手の 3 つの手の使い方が観察される両手活用型とこれらの一部しか観察されない非両手活用型による分類である。その結果，両手活用型は 22 人（61.1％），非両手活用型は 14 人（38.9％）に分類された。そして，左右

差の指標 abs-RLHS の平均は，両手活用型が 0.51 に対して非両手活用型は 2.89 とその差は有意に小さく，さらに両手の利得の平均は，両手活用型が 0.20 に対して非両手活用型は 0.05 と有意に大きいという結果を得た。

すなわち，優位な手のタイプにかかわらず，行頭は左手，行の中程は両手併行，行末は右手が観察される両手活用型は左右差が小さく両手の利得も大きいが，右手あるいは左手だけの読みと両手併行しか観察されない非両手活用型は，左右差が大きく両手の利得も低いことが示唆された。しかしながら，非両手活用型の分散は両手活用型の分散と比較して有意に大きいことから，非両手活用型群はひとつの群としてはとらえきれず，対象者を増やすなどして今後も継続して検討する必要があると考える。

(4) 効率的な両手の使い方

草島（1983）の推奨する第Ⅲ型と第Ⅳ型は両手併行が行の多くを占める読み方であり，読み指に他方の手を同伴させることによって読みの効率が高まること，すなわち前述した「知覚の窓」の拡大による効果を指摘したものと推察される。しかし本研究では第Ⅲ型はおらず，第Ⅳ型に 1 人だけであった。

一方，「行の中央を基点として，左右両指が集まったり離れたりする珍現象が興味深く，また特徴的である」と述べた第Ⅵ型は草島の推奨しないパターンであるが，この the scissors pattern こそ，前述した多くの研究者が指摘する効率的な読み方である。Foulke（1991）は，両手を併行させる読み方が減少することは読書をしない時間を減らすことであり，その結果読速度が増加することを指摘している。これは，優位な手の片手読速度よりも両手読速度が上回ること，すなわち両手読みの利得（R2HG）が大きいことを意味している。

本研究では両手活用型，つまり右手，両手併行，左手の 3 つ使い方が現れる対象者に両手読みの利得が大きいことを示された。さらに両手読みでは右手が前の行の終わりをまだ読んでいる間に，左手は次の行を読み始めるとの指摘もある（Bürklen, 1932; Foulke, 1982; Bertelson et al., 1985；黒川，1987）。

両手活用型に左右の手が別々の部分を読む動きが観察されたが，これらについてはさらに詳細な検討が必要であり，次の研究6（第4節）で検討する。

第3節　画像解析による
　　　　非読書時間に関する研究（研究6）

1　目　的

　点字読みに関する研究は，点字が指先で触って読む文字であることから，晴眼者の文字と比較すると3倍から4倍の時間を必要とし（佐藤，1984），いかにして読速度を速くするかに焦点が絞られてきた。そのアプローチのひとつに，「両手を使って読む時の効率的な手の使い方とは何か」がある (Harley, Henderson, & Truan, 1979)。

　点字読書時の行間運動を研究した Kusajima (1974) はそのパターンを6つに大別した。その6番目に取り上げた，左手が行頭部分を読み，行の後半は右手だけで読み進め，その間に左手は次の行頭を探る読み方が最も効率的であり，この読み方には右手が前の行の終わりをまだ読んでいる間に，左手は次の行を読み始めるという「同時読み」が観察されたことを多くの研究者が指摘している (Bertelson, Mousty, & D'Alimonte, 1985; Millar, 1987; Foulke, 1991; Davidson, Appelle, & Haber, 1992；黒川，1987：木塚，1999)。我が国の点字指導書（文部科学省，2003）でもこの方法が望ましい読み方であるとしてこれを推奨する。ここで言う「効果的な使い方」とは，ただ単に左右の手を分割して使用することだけを指しているのではない。両手を分割することにより，行移し動作によって生じるロスタイムを減少させ，その成果として優位な片手だけの読み方よりも両手読みによる読速度が増加することにつながることが重要である。いわゆる「両手の利得」である (Mousty & Bertelson, 1985)。

　研究4（第二章第1節）で述べた熟達者の読速度の検討から，より大きな

両手の利得を生み出すためには左右の片手読速度の差が小さいことが必要条件であること，さらにその利得は片手読速度の比が1対2以内に大きく現れ，その比が1対2を超えると小さいことが明らかとなった。この効率的な両手の使い方と両手の利得の関係を解明するためには両手の軌跡を分析する必要がある（Mousty & Bertelson, 1985）。そこで，前節の研究5において軌跡を検討した結果，行頭を読む「左手読み」，行の中程を読む「両手併行」，行末を読む「右手読み」の3つが観察される両手活用型と，その一部しか観察されない非両手活用型に大別することができること，さらに両手活用型は非両手活用型に比べて左右の片手読速度の差が有意に小さく，両手読みによる利得は有意に大きいことが示された。

本節の研究6ではその継続研究として，「効率的な両手読み」を考察するため，行移し動作によって生じるロスタイム（以下，非読書時間）と同時読みについて，以下の事項を明らかにすることを目的とした。

1. 利き手（通常のラテラリティ，いわゆる利き手）とその逆の手（以下，非利き手）の片手読みに要した非読書時間を比較し，利き手との関連を検討する。さらに両手を使用することにより，片手読みと比べてどの程度非読書時間が減少するかを明らかにする。
2. 両手読みでは右手が前の行の終わりをまだ読んでいる間に左手が次の行を読み始める「同時読み」の有無とその時間を検討する。

2　方　法

(1) 対象者の点字読速度に関するプロフィール

対象者と読速度の測定方法は，研究5（第二章第2節）で取り上げたものと同一であるが，以下に概要を再掲した。

1）点字読速度の測定

　対象者に，両手読みと右手と左手による片手読みの3つの方法により，新聞記事から引用した課題文を音読させ，それぞれの読み方の1分間の正答文字数を測定した。この場面をビデオカメラ（SDR-SR12, SONY）で対象者の正面上方から記録した。

2）点字を読む手のタイプと手の使い方の分類

　対象者の点字を読む手のタイプは，B型が3人（8.3％），R型が17人（47.2％），L型が16人（44.5％）であった。また，対象者の両手読みのビデオ画像から両手活用型と非両手活用型に分類した結果，36人のうち，両手活用型にB型は3人全員（100％），R型17人中14人（82.4％），L型16人中5人（31.3％）が，これに対して非両手活用型には，L型11人（68.7％）とR型3人（17.6％）が含まれた。Table 6-1 に，対象者の両手読速度と左右

Table 6-1　手のタイプ別にみた対象者の点字読速度に関するプロフィール

対象者			両手(文字数)	右手(文字数)	左手(文字数)	RLHS	R2HG
B型 (3人)	両手活用型 (3人)	Mean	494.0	353.0	348.7	0.00	0.42
		SD	110.6	123.8	111.8	0.06	0.14
R型 (17人)	両手活用型 (14人)	Mean	451.9	383.0	248.9	-0.55	0.18
		SD	73.1	55.4	37.0	0.21	0.05
	非両手活用型 (3人)	Mean	390.0	355.7	163.0	-1.25	0.10
		SD	25.7	32.1	27.0	0.48	0.06
L型 (16人)	両手活用型 (5人)	Mean	410.0	229.2	366.2	0.64	0.12
		SD	36.8	43.3	24.7	0.25	0.10
	非両手活用型 (11人)	Mean	395.2	115.8	381.1	3.34	0.04
		SD	40.5	57.3	49.8	2.38	0.05

1）　Bは両手型（-0.2≦RLHS≦0.2），Rは右手型（RLHS<-0.2），Lは左手型（RLHS>0.2）を示す。
2）　両手活用型とは，1行に左手，両手併行，右手の3つの読み方が現れる型。非両手活用型とは，その一部しか現れない型。
3）　RLHS =（左手読速度 − 右手読速度）／遅い手の読速度
4）　R2HG =（両手読速度 − 速い手の読速度）／速い手の読速度

の片手読速度,RLHSとR2HGについて,手のタイプ別にそれぞれの平均と標準偏差を示した。

(2) 画像解析の方法

1) 使用ソフト

対象者の両手読みと片手読みから得られたビデオ画像を,動画編集ソフトAdobe Premiere Elements 9（Adobe, 2010）に取り込み,1秒30コマの速度で再生した。コマ数から秒への換算にはExcel 2011 for Mac（Microsoft, 2011）を用いた。

2) 解析項目

読書時間と非読書時間を以下の通りに定義し,その測定方法を示した。

① 片手読みによる読書時間

1行目行頭に置いた人差し指が動き始めるコマから点字文字列を右方にたどり,行末で停留して次行に逆行し始める直前のコマまでを秒に換算し,これを1行目の読書時間とした。2行目以降も同様に,人差し指が行頭を動き始めるコマから行末で停留して次行に逆行し始める直前のコマまでの時間とした。なお,行末と行頭で文字列からはみ出した時間,読み直しに要した時間は指が逆行する時間を含め,読書時間として処理した。

② 片手読みによる非読書時間

片手読みでは行移時間が非読書時間となる。これは,読みに用いる人差し指が行末で逆行し始める最初のコマから,行頭に移動し停留した後,右方へ動き始める直前のコマまでの時間とした。また,課題文を裏面まで読み進めた場合,表面から裏面へ裏返す時間（以下,裏返し時間）を測定した。1行あたり非読書時間は,表面の非読書時間の総計を読んだ行数で除して求めた。そして得られた1行あたりの非読書時間について,利き手と非利き手,読速度の速い手と遅い手の2つの視点から検討した。

③ 両手読みによる読書時間

　1行目は，両手を揃えて右方に動き始め，左手が停止した最初のコマまでの時間を「両手併行」，次のコマから右手が行末で停止して逆行する直前のコマまでの時間を「右手のみ」とした。2行目以降は，左手が行頭を動き始めたコマから，逆行してきた右手と接触して両手併行で右方へ動き始める直前のコマまでの時間を「左手のみ」とした。さらに，右手が行末を読み終える以前に左手が行頭を動き始めた場合，左手が右方へ動き始めたコマから右手が行末で停止して逆行する直前のコマまでの時間を「同時読み」とした。

④ 両手読みによる非読書時間

　両手読みの場合は対象者の点字を読む手の使い方でその時間は異なる。両手読み条件ではあるが，一方の手しか読みに用いない場合は，片手読みと同様に行移時間が非読書時間となる。ほとんどの対象者は，行頭を左手，行中程は両手併行，行末は右手を使用しており，この場合の非読書時間は，制限時間の60秒から上記③の読書時間を差し引いた時間となる。

　例えばすべての行において，右手が行末を読み終えたと同時に左手が次の行を読み始めた場合は，非読書時間は0である。ここでも片手読みと比較するため，表面のみのデータから1行あたり非読書時間を求めた。

　さらに，速い手の非読書時間に対する減少率【(速い手の非読書時間－両手の非読書時間)／速い手の非読書時間】を求めて両者を比較した。また裏面まで読み進めた場合は，裏返し時間を算出した。

⑤ データの信頼性

　データの解析は2人で行った。1人が上記の方法で各時間を定量化したのち，もう1人が画像と対照して確認した。不一致の箇所は合議の上，再度検討してそれぞれの時間を特定したが，一致度による検討は実施していない。

(3) 分析方法

　利き手と非利き手による非読書時間の比較には，対応のある t 検定を用いた。

読速度の速い手と遅い手および両手読みによる非読書時間の比較では，1要因参加者内分散分析を実施した。

両手活用型と非両手活用型による非読書時間の比較では，手の型（両手活用型と非両手活用型）×読み方（速い手と両手）の分散分析を行った。

同時読みと両手の利得の比較には，Welch の方法による t 検定を用いた。

3　結　果

対象者を両手活用型，非両手活用型に分類し，片手読みと両手読みの分析結果を Table 6-2 と Table 6-3 に示した。両手読みでは，左手のみ，両手併行，右手のみ，さらに同時読みの合計が読書時間であり，非読書時間は60秒から読書時間を差し引いた時間で，裏返し時間が含まれている。

(1) 読み方別にみた非読書時間

1) 非読書時間とその比率

全対象者36人の片手読み非読書時間の総計を測定した結果，利き手の平均は6.62秒（SD=2.34）に対して非利き手は7.76秒（SD=1.92），速い手の8.17秒（SD=1.76）に対して遅い手は6.20秒（SD=2.19）であり，制限時間の60秒に対する割合は，それぞれ11.0％，12.9％，13.6％，10.3％を示した。両手読み非読書時間は6.41秒（SD=2.59）で，その割合は10.7％となり，いずれの読み方も10％を超えていた。また両手読みでは全員が裏面まで読み進めており，裏返し時間の平均は1.62秒（SD=0.41）であった。速い手による片手読みでは359文字以上を読んだ20人が，また遅い手ではB1のみが裏面まで読み進めていた。

2) 利き手と非利き手による非読書時間の比較

利き手（右手35人，R17のみ左手）による1行あたり非読書時間の平均は0.63秒（SD=0.39）に対して非利き手は0.52秒（SD=0.17）であった。利き手

Table 6-2 片手読みにおける分析結果

	対象者 ID	利き手 (sec)			非利き手 (sec)			速い手 (sec)			遅い手 (sec)		
		読書時間	非読書時間	1行あたり	読書時間	非読書時間	1行あたり	読書時間	非読書時間	1行あたり	読書時間	非読書時間	1行あたり
全対象者 (36人)	M	53.38	6.62	0.63	52.24	7.76	0.52	51.83	8.17	0.41	53.80	6.20	0.74
	SD	2.34	2.34	0.39	1.92	1.92	0.17	1.76	1.76	0.08	2.19	2.19	0.36
両手活用型 (22人)	B1	49.37	10.63	0.40	49.33	10.67	0.38	49.37	10.63	0.40	49.33	10.67	0.38
	B2	53.20	6.80	0.42	52.27	7.73	0.52	53.20	6.80	0.42	52.27	7.73	0.52
	B3	54.43	5.57	0.62	53.30	6.70	0.61	53.30	6.70	0.61	54.43	5.57	0.62
	R1	51.00	9.00	0.27	51.87	8.13	0.58	51.00	9.00	0.27	51.87	8.13	0.58
	R2	51.53	8.47	0.34	52.76	7.23	0.48	51.53	8.47	0.34	52.76	7.23	0.48
	R3	51.13	8.87	0.41	53.00	7.00	0.50	51.13	8.87	0.41	53.00	7.00	0.50
	R4	49.70	10.30	0.50	52.57	7.43	0.68	49.70	10.30	0.50	52.57	7.43	0.68
	R5	49.47	10.53	0.52	52.13	7.87	0.56	49.47	10.53	0.52	52.13	7.87	0.56
	R6	49.53	10.47	0.51	49.23	10.77	0.98	49.53	10.47	0.51	49.23	10.77	0.98
	R7	52.93	7.07	0.44	54.57	5.43	0.49	52.93	7.07	0.44	54.57	5.43	0.49
	R8	52.00	8.00	0.37	54.17	5.83	0.49	52.00	8.00	0.37	54.17	5.83	0.49
	R9	52.00	8.00	0.35	52.27	7.73	0.77	52.00	8.00	0.35	52.27	7.73	0.77
	R10	52.47	7.53	0.39	52.17	7.83	0.71	52.47	7.53	0.39	52.17	7.83	0.71
	R12	51.87	8.13	0.40	53.17	6.83	0.68	51.87	8.13	0.40	53.17	6.83	0.68
	R14	53.90	6.10	0.38	54.83	5.17	0.52	53.90	6.10	0.38	54.83	5.17	0.52
	R15	54.00	6.00	0.40	52.70	7.30	0.61	54.00	6.00	0.40	52.70	7.30	0.61
	R16	50.27	9.73	0.65	49.07	10.93	1.09	50.27	9.73	0.65	49.07	10.93	1.09
	L2	54.53	5.47	0.39	50.73	9.27	0.36	50.73	9.27	0.36	54.53	5.47	0.39
	L3	51.47	8.53	0.90	52.47	7.53	0.47	52.47	7.53	0.47	51.47	8.53	0.90
	L7	53.63	6.37	0.71	51.93	8.07	0.39	51.93	8.07	0.39	53.63	6.37	0.71
	L8	54.23	5.77	0.48	51.57	8.43	0.38	51.57	8.43	0.38	54.23	5.77	0.48
	L14	54.77	5.23	0.65	52.33	7.67	0.38	52.33	7.67	0.38	54.77	5.23	0.65
	M	52.16	7.84	0.48	52.20	7.80	0.57	51.67	8.33	0.43	52.69	7.31	0.63
	SD	1.75	1.75	0.14	1.50	1.50	0.19	1.37	1.37	0.09	1.71	1.71	0.18
非両手活用型 (14人)	R11	53.23	6.77	0.32	54.73	5.27	0.59	53.23	6.77	0.32	54.73	5.27	0.59
	R13	53.90	6.10	0.27	55.70	4.30	0.61	53.90	6.10	0.27	55.70	4.30	0.61
	R17	52.03	7.97	1.14	53.07	6.93	0.46	53.07	6.93	0.46	52.03	7.97	1.14
	L1	55.53	4.47	0.74	47.87	12.13	0.47	47.87	12.13	0.47	55.53	4.47	0.74
	L4	57.33	2.67	0.89	52.13	7.87	0.35	52.13	7.87	0.35	57.33	2.67	0.89
	L5	55.33	4.67	2.33	47.83	12.17	0.50	47.83	12.17	0.50	55.33	4.67	2.33
	L6	55.33	4.67	0.58	51.50	8.50	0.34	51.50	8.50	0.34	55.33	4.67	0.58
	L9	54.90	5.10	0.73	52.23	7.77	0.36	52.23	7.77	0.36	54.90	5.10	0.73
	L10	56.67	3.33	0.56	48.83	11.17	0.52	48.83	11.17	0.52	56.67	3.33	0.56
	L11	57.40	2.60	0.87	55.20	4.80	0.30	55.20	4.80	0.30	57.40	2.60	0.87
	L12	56.70	3.30	0.78	53.10	6.90	0.41	53.10	6.90	0.41	56.70	3.30	0.78
	L13	57.67	2.33	1.65	53.40	6.60	0.35	53.40	6.60	0.35	57.67	2.33	1.65
	L15	52.33	7.67	0.77	53.33	6.67	0.42	53.33	6.67	0.42	52.33	7.67	0.77
	L16	56.03	3.97	0.57	53.43	6.57	0.41	53.43	6.57	0.41	56.03	3.97	0.57
	M	55.31	4.69	0.87	52.31	7.69	0.44	52.08	7.92	0.39	55.55	4.45	0.91
	SD	1.78	1.78	0.52	2.43	2.43	0.09	2.21	2.21	0.07	1.64	1.64	0.48

1) 利き手は,R17のみ左手である。
2) 読速度の速い手は,B型ではB3のみ左手であり,R型は右手,L型は左手である。
3) 片手読みにおける1行あたり非読書時間とは,表面1行あたりの行移時間を示す。

Table 6-3 両手読みにおける分析結果

対象者 ID			両手読み (sec)							
			左手のみ	両手併行	右手のみ	同時読み	読書時間	非読書時間	裏返し時間	1行あたり非読書時間	減少率
全対象者 (36人)		M	12.71	23.02	15.95		53.59	6.41	1.62	0.24	38.5%
		SD	14.32	13.99	14.53		2.59	2.59	0.41	0.14	36.4%
両手活用型 (22人)		B1	7.00	27.20	20.27	1.57	56.03	3.97	0.93	0.09	77.7%
		B2	16.10	15.53	22.70	4.07	58.40	1.60	1.60	0.00	100.0%
		B3	4.63	36.50	11.37	2.43	54.93	5.07	1.93	0.11	81.9%
		R1	1.90	21.07	23.80	7.63	54.40	5.60	0.70	0.17	35.7%
		R2	6.67	9.93	32.30	5.80	54.70	5.30	1.90	0.11	67.6%
		R3	5.97	7.43	36.50	4.83	54.73	5.27	1.97	0.14	65.9%
		R4	7.10	18.70	24.90	4.43	55.13	4.87	2.13	0.11	78.0%
		R5	8.03	23.80	21.27	3.07	56.17	3.83	1.63	0.10	80.9%
		R6	8.10	23.57	22.50	3.57	57.73	2.27	1.23	0.04	92.2%
		R7	6.60	13.00	26.27	9.33	55.20	4.80	1.43	0.19	57.0%
		R8	7.60	25.77	20.83	3.67	57.87	2.13	1.43	0.02	92.0%
		R9	4.07	8.33	38.33	2.43	53.17	6.83	1.80	0.26	26.6%
		R10	5.40	24.40	23.53	0.90	54.23	5.77	1.63	0.22	43.8%
		R12	1.23	8.00	37.97	2.63	49.83	10.17	1.60	0.38	4.0%
		R14	6.03	22.33	20.63	5.73	54.73	5.27	2.00	0.20	47.5%
		R15	6.33	22.63	24.60	3.10	56.67	3.33	1.33	0.13	67.5%
		R16	6.60	26.10	20.70	0.60	54.00	6.00	2.00	0.14	78.4%
		L2	15.27	28.00	11.37	1.70	56.33	3.67	1.30	0.10	72.1%
		L3	4.10	43.90	5.27	0.17	53.43	6.57	1.60	0.25	46.9%
		L7	2.87	47.83	4.70	0.10	55.50	4.50	1.33	0.17	56.8%
		L8	4.13	45.87	2.70	0.73	53.43	6.57	1.13	0.30	21.7%
		L14	21.23	28.40	4.00	0.40	54.03	5.97	1.53	0.30	21.7%
		M				3.13	55.03	4.97	1.55	0.16	59.8%
		SD				2.40	1.82	1.82	0.36	0.09	25.4%
非両手活用型 (14人)		R11	0.00	4.86	43.77	0.00	48.63	11.37	1.60	0.37	-16.8%
		R13	0.00	2.83	50.37	0.00	53.20	6.80	1.37	0.30	-9.9%
		R17	0.00	28.97	21.80	0.00	50.77	9.23	2.57	0.42	9.1%
		L1	17.83	30.18	0.00	0.00	48.01	11.99	1.07	0.48	-2.9%
		L4	13.13	41.00	0.00	0.00	54.13	5.87	0.93	0.37	-7.0%
		L5	49.27	0.00	0.00	0.00	49.27	10.73	1.60	0.47	6.8%
		L6	20.90	30.67	0.00	0.00	51.57	8.43	1.90	0.32	6.3%
		L9	35.53	15.27	1.87	0.00	52.67	7.33	1.40	0.35	3.4%
		L10	0.67	47.83	0.00	0.00	48.50	11.50	1.70	0.53	-1.4%
		L11	42.73	9.90	0.00	0.00	52.63	7.37	2.60	0.28	6.7%
		L12	48.94	3.66	0.00	0.00	52.60	7.40	2.00	0.34	17.6%
		L13	50.53	1.03	0.00	0.00	51.57	8.43	1.63	0.34	2.9%
		L15	10.10	43.07	0.00	0.00	53.17	6.83	1.73	0.32	23.2%
		L16	10.97	41.00	0.00	0.00	51.97	8.03	2.03	0.38	7.4%
		M				0.00	51.33	8.67	1.72	0.38	3.2%
		SD				0.00	1.91	1.91	0.46	0.07	10.1%

1) 両手読みでは，左手のみ，両手併行，右手読み，同時読みの和が読書時間であり，非読書時間は60秒から読書時間を差し引いた時間で，用紙を表面から裏面に裏返す時間を含んでいる。
2) 1行あたり非読書時間とは，表面1行あたりの非読書時間を示す。
3) 減少率とは，両手と読速度の速い手における1行あたり非読書時間を比較したもので，次式により求めた。

　　減少率＝（速い手の非読書時間－両手の非読書時間）／速い手の非読書時間

の非読書時間が大きかったが,対応のあるt検定の結果,両者に有意差はなかった(両側検定:$t(35)=1.40, p>.10$)。そこで,利き手・非利き手別に片手読速度との関係をみた(Fig. 6-1)。ここでは,非読書時間(msec)を対数変換して示した。■は利き手,□は非利き手を,図中の斜線は回帰直線を表す。利き手の非読書時間と読速度の相関係数は$r=-.83$と強い負の相関が($F(1, 34)=77.84, p<.01$),また非利き手では$r=-.69$と中程度の負の相関がみられた($F(1, 34)=31.37, p<.01$)。利き手の1行あたり非読書時間が最も小さかったのはR型の対象者2人の0.27秒であった。このうち両手活用型である1人の読速度は547文字と全対象者の最高で,もう1人も非両手活用型の中で最高の392文字であった。非利き手ではL型で非両手活用型の0.30秒で,その読速度は330文字であった。一方,1秒を超えた者が4人いた。1人は非利き手による1.09秒,3人は利き手による1.14秒,1.65秒,2.33秒であった。

3) 読速度の速い手と遅い手および両手読みによる非読書時間の比較

次に読みの速い手と遅い手,両手読みの1行あたり非読書時間を比較した(Fig. 6-2)。右手が速い対象者はB型2人とR型17人の19人であり,左手

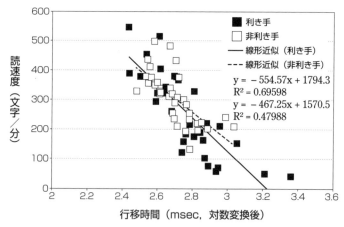

Fig. 6-1 利き手・非利き手別にみた非読書時間と片手読速度の関係

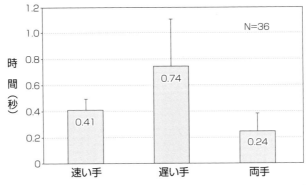

Fig. 6-2 両手読みと読速度の速い手・遅い手の1行あたり非読書時間

Table 6-4 読みの速い手と遅い手，両手読みにおける1行あたりの非読書時間に関する分散分析表

S.V	SS	df	MS	F
Sub	2.4670	35	0.0705	
読み方（両手，速い手，遅い手）	4.5497	2	2.2749	51.31**
Sub	3.1037	70	0.0443	
Total	0.4077	35	$+p<.10,\ *p<.05,\ **p<.01$	

が速かったのは，B型1人とL型16人の17人である。結果は，速い手が0.41秒（SD=0.08）に対して遅い手は0.74秒（SD=0.37），両手読みでは0.24秒（SD=0.14）であり，1要因参加者内分散分析の結果（Table 6-4），群の効果が有意であった（$F(2, 70)=51.31, p<.01$）。LSD法を用いた多重比較の結果，速い手の非読書時間は遅い手より有意に小さく，両手の非読書時間は速い手と遅い手より有意に小さかった（$MSe=0.044, p<.05$）。また，両手を使用することによる非読書時間の平均減少率は38.5％（SD=36.4）であった。減少率が最も大きかったのは両手型B2の100％で，速い手による片手読み0.42秒に対し，両手読みでは0秒となっていた。36人中の31人（86.1％）が減少していたが，減少率が負数を示した者，すなわち両手読みの非読書時間が片手読みを上回った者が5人（13.9％）いることもわかった。

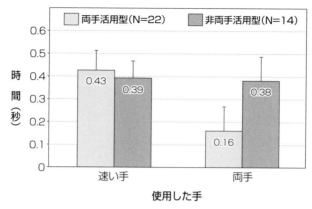

Fig. 6-3　両手活用型と非両手活用型別にみた1行あたり非読書時間

4）両手活用型と非両手活用型による非読書時間の比較

さらに両手と速い手の非読書時間について，対象者を両手活用型と非両手活用型に分けて比較した結果を Fig. 6-3 に示した。速い手による1行あたり非読書時間は両手活用型（22人）が0.43秒（SD=0.09）であり，非両手活用型（14人）では0.39秒（SD=0.07）とその差は小さかったが，両手読みではそれぞれ0.16秒（SD=0.09）と0.38秒（SD=0.07）であり，平均減少率は両手活用型が59.8％，非両手活用型が3.2％であった。非読書時間について，手の型（両手活用型と非両手活用型）×読み方（速い手と両手）の2要因混合の分

Table 6-5　手の型（両手活用型と非両手活用型）×読み方（速い手と遅い手）の2要因混合による分散分析表

S.V	SS	df	MS	F
活用型タイプ （両手活用型と非両手活用型）	0.1423	1	0.1423	17.83**
Sub	0.2714	34	0.008	
読み方（両手と速い手）	0.3321	1	0.3321	49.43**
A×B	0.2645	1	0.2645	39.36**
S×B	0.2284	34	0.0067	
Total	1.2387	71	+p<.10,　*p<.05,　**p<.01	

散分析を行った結果 (Table 6-5),交互作用が有意であった ($F(1, 34)=39.36$, $p<.01$)。読み方別に手の型の単純主効果を検定したところ,速い手に有意差はなかったが ($F(1, 34)=1.33$, $p>.10$),両手において1%水準で有意であった ($F(1, 34)=51.95$, $p<.01$)。また,手の型別に読み方の単純主効果を検定したところ,両手活用型では1%水準で有意であった ($F(1, 34)=88.51$, $p<.01$) が,非両手活用型に有意差はなかった ($F(1, 34)=0.29$, $p>.10$)。

(2) 両手読みにおける読書時間

1) 両手読みに観察された手の使い方

Fig. 6-4 に最も読速度の速かった対象者 R1 の両手読みで観察された手の使い方を,課題文の第1段落8行目まで示した。左手のみは細実線,両手併行は太実線,右手のみは破線のアンダーラインで表示した。1行目は両手を揃えて読み始めるように指示をしたので両手併行で行頭の1分節を読んだ後,左右の手が別れ,残りを右手のみで読んでいた。その間に左手は2行目行頭に移動するが,右手が行末を読み終える以前に左手が読み始めるという左右

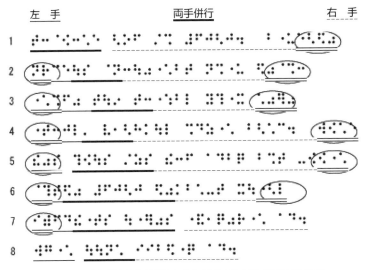

Fig. 6-4 両手読みに観察された手の使い方(対象者 R1)
丸で囲んだ部分が同時読み。

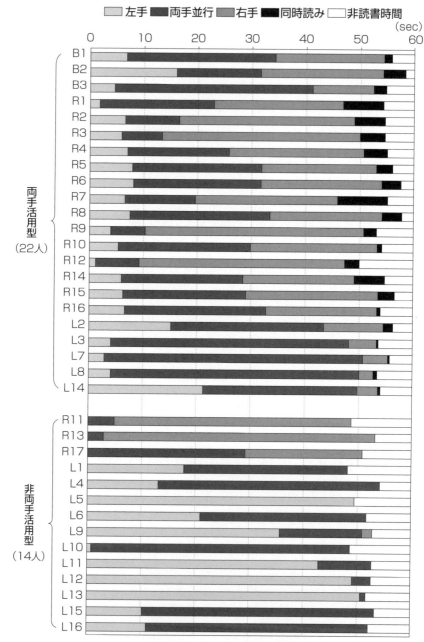

Fig. 6-5 対象者別にみた両手読みの手の使い方

の手で別の文字列を読む「同時読み」が現れたことに特徴がある。図中の楕円で示した部分が同時読みで，2行目から7行目まで連続して観察された。

そこで36人それぞれの60秒間における手の使い方の分析結果を，Fig. 6-5に示した。「左手」，「両手併行」，「右手」そして「同時読み」の合計時間が「読書時間」であり，制限時間60秒からこれを差し引いた時間が「非読書時間」である。なお対象者全員が裏面まで読み進めたので，非読書時間には課題文を表面から裏面へ裏返す時間が含まれている。図上段は，左手・両手併行・右手による読み方が現れる両手活用型の22人（B型3人，R型14人，L型5人），下段はこれらの一部しか現れない非両手活用型の14人（R型3人とL型11人）の結果である。読書時間の最高は両手活用型B2の58.4秒で，最低は非両手活用型L1の48.01秒であった。また，図右側に示した■は同時読みが観察された時間を示すが，両手活用型では22人全員に，非両手活用型には1人も現れなかった。両手活用型22名の同時読み平均時間は3.13秒（SD=2.40）で，最大はR7の9.33秒，次いで両手読速度が最速のR1の7.63秒であり，5秒を超えたのはこの他にR2とR14の4人であった。最小はL7の0.10秒であった。

2）同時読みと両手の利得

次に両手活用型のR型14人とL型5人との同時読み時間を比較した（Fig. 6-6）。R型の平均4.12秒（SD=2.33）に対して，L型では0.62秒（SD=0.58）と小さかった。

ここで，両者の平均値の差の検定を行った。分散の大きさが等質とみなせなかったので（$F(13, 4)=13.73, p<.05$），Welchの方法によるt検定の結果，両者の差は有意であった（$t(17)=4.94, p<.01$）。さらに同時読みの長さと両手の利得（R2HG）との関係を検討した結果，相関係数は$r=.263$で，両者に相関はなかった（$F(1, 20)=1.48, p>.10$）。

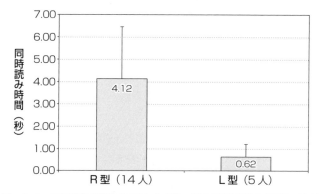

Fig. 6-6 両手活用型のR型とL型における同時読み時間の比較

4 考　察

(1) 非読書時間

1) 制限時間に対する非読書時間の比率

　60秒の制限時間のうち，非読書時間の比率はいずれの読み方も10%を超えていた。両手読みによる非読書時間6.41秒には裏返し時間の1.62秒が含まれるので，これを差し引いた時間は4.79秒となり，60秒に対する割合は7.98%となる。過去の文献ではHolland and Eatman (1933) が非読書時間の比率を6～7%と報告している。当時とは記録機器の精度や測定方法が異なるので単純に比較できないが，これに近い値となった。

　ところで，片手読みの比率は読速度の遅い手の10.3%に対して，速い手は13.6%と高かった。これは同時間で多くの行を読めば行移し動作の回数も多くなることによるもので，以下では1行あたり非読書時間を比較した。

2) 片手読みの1行あたり非読書時間

　「運動機能に優れた利き手が行移し動作も速いので，点字読みは利き手が

良い」と強く主張した対象者がいた。しかし利き手と非利き手の非読書時間に有意差はなく，非読書時間が1秒を超えた4人のうち3人は利き手であった。Millar（1997）とIttyerah（1993）は「点字読みに使用する手は利き手とは全く関係がない」と述べているが，点字を読む手と利き手の関係を論ずるためには，読速度と非読書時間の2つの観点からの検討が必要である。

　研究4（第二章第1節）で，右手型と左手型の対象者の速い手による片手読速度間に有意差はないことを指摘した。さらに非読書時間にも関連がなかったという本結果から，点字を読む手と利き手との関係性は薄いことが示唆された。さらに読速度の速い手は遅い手に比べて非読書時間が有意に小さいという結果をみると，片手読みの非読書時間を規定するのは読速度であると言える。このように非利き手であっても読みの速い手の非読書時間が小さくなったのは，日常的に繰り返される行移し運動によって獲得された熟練の成果ではないかと考える。

3）両手読みの1行あたり非読書時間

　では両手を使うことによって非読書時間はどの程度減少するのか。速い手による片手読みと比較すると，速い手が0.41秒に対して両手読みは0.24秒で，平均減少率は38.5%となった。この数値は，両手読みの効率性を定量的に示したものと考えることができる。さらに両手活用型と非両手活用型別では，非両手活用型は3.2%しか効率化は図れないが，両手活用型は59.8%と大きく，非読書時間は半分以下に減少するという両者の相違も明らかになった。研究5（第二章第2節）で，両手活用型の対象者には非両手活用型より両手の利得（R2HG）が有意に大きく現れることを示したが，その理由は非読書時間が小さいことに起因していると考えられる。

　また点字指導書（文部科学省，2003）に，「左手で行頭部分と次の行への移りを受け持ち，右手で行の後半を引き継いで受け持てば，次の行に移るために要する時間は全くなくなる」との記述がある。この読み方は理論的にはあり得ると考えていたが，両手型の対象者B2に計測された非読書時間の1.60

秒は裏返し時間のみであり，両面すべての行間で非読書時間は全く測定されず，筆者自身初めて経験した対象者であった。この対象者の読み方こそ最も効率的で理想的な読み方と言えよう。一方，非両手活用型対象者の減少率はばらつきが大きく，負数を示す者もいた。非両手活用型には読速度の遅い手だけを使用する読み方が観察されないことが共通しており，彼らの両手の使い方は速い手による片手読みの行移し動作と変わりがないことによるものと推察される。

(2) 両手読みによる同時読み

両手読みでは右手が前の行の終わりをまだ読んでいる間に，左手が次の行を読み始めるという「同時読み」は，以前から多くの研究者（Bertelson at el., 1985; Bürklen, 1932; Foulke, 1982; Kusajima, 1974；黒川，1987）が報告している。本研究でも22人に観察されたが，すべて両手活用型の対象者で，非両手活用型には1人も観察されなかった。これは両者の定義に照らせば当然の結果である。さらにその時間は，右手型の4.12秒に対して左手型は0.62秒と短く，その差は有意であった。行末を読む右手読みの時間に着目すると，11.4秒のL2を除く4人は2.7～5.3秒と短かった。これは同時読み時間，すなわちL2の1.70秒に対して他の4人は0.10～0.73秒という結果と同様の傾向を示している。この4人は両手活用型ではあるが，行末近くまで両手を併行させる読み方をしており，右手読みは行末にわずかにみられただけであった。この読み方は左手が次の行頭に到達するのが遅れ，行頭で待機できる時間が短くなる。このことが左手型に同時読み時間を短くさせた理由ではないかと推察される。しかし対象者が少なく，また左手型の分散は右手型に比べて有意に大きかったことから，さらなる検討が必要である。また7人は同時読み時間が非読書時間を超えていた。これらの対象者は同時読みが非読書時間をすべてカバーしていることになり，同時読み時間が長いほど両手の利得（R2HG）も大きいのではないかと予測したが，両者に相関はみられなかった。

ところでこの同時読みにはまだ議論すべきことがある。それは，両手が2つの異なった文字列を同時に読み取るパラレル入力である。Bertelson and Mousty（1989）とBertelsonら（1985）はこれを支持し，我が国では黒川（1987）がその可能性を示唆している。一方，Millar（1987, 1989, 1997）はパラレルに見えるのは両手間の機能がすばやく断続的に交替していることによるものとこれを強く否定している。本研究は目視による時間の測定によるもので，これらについて言及できる精密なデータとは言い難い。これについてHughes（2011）が新たな測定法を提案しており，今後の課題である。

(3) 本研究の限界点

　本研究では，1秒30コマによる画像解析を実施したが，現有機器で熟達者の俊敏な手の動きを特定するにはその精度に限界があった。また，その特定も観察者の目視による方法であり，一致率等によるデータの客観的な信頼性を明示できなかったことも限界点と言える。

第４節　第二章（研究４―研究６）の総合考察

　第二章では，盲児の読速度，特に両手読速度と片手読み読速度の関係から得られた結果を踏まえ，点字読み熟達者の手の使い方を検証することが盲児の点字指導の参考になるとの仮説を持って取り組んだものである。

　まず我が国の熟達者はどの程度の読速度であるかを検討した。そのきっかけは全日本点字競技大会の存在を知ったことであった。

　この大会は，日本盲人会連合（略称，日盲連）が主催してきたもので，1967（昭和42）年の第１回から1998（平成10）年の第32回まで毎年，我が国の点字制定記念日である11月１日の直後に開催されてきた。その100年目にあたる1990年の記念大会は過去の成績優秀者を集めて実施され，最優秀者には，ルイ・ブライユの地を訪ねるパリ旅行が副賞であったという。

　残念ながら参加者の減少を理由に1999年から中断されたが（資料１），筆者は最後の３回を実際に見学することができた。競技内容は盲学校の点字競技会と同様，速読と書きの２つの部門に分かれ，各都道府県の視

資料１　点字競技会中止の記事

（点字毎日，1999年8月26日）

覚障害者協会が組織した代表が集っていた。会場で過去に速読の部で優勝したことのある参加者に話を聞くことができた。彼は，「速読は音読で行うので，できるだけ速く声に出して読めるように早口言葉を練習してきた」と述べ，点字読みに対するこだわりを感じた。その後，日盲連事務局から過去の記録を提供してもらったところ，過去最高の読速度は 1976 年に記録された 628 文字であることがわかった（資料2）。

さて，研究4（第二章第1節）では，1997 年から熟達者のデータ収集を開始した。対象者は，歴代の優勝者をはじめ，人づてに点字読みの速い人を教えてもらって探した。そして直接電話依頼して関東地区を中心に調査を行い，この年の冬には広島への帰省を利用して，歴代優勝者の居住する浜松，名古屋，三重，大阪，神戸にもビデオカメラを携えて巡った（大阪滞在中に筑波大学教授，五十嵐信敬先生の訃報が届いた）。収集した対象者の総数は 100 人を超えた。このうち本研究において熟達者として定義した読速度 351 文字以上の対象者は 36 人となった。最高記録 675 文字の対象者は平成 21 年度の優勝

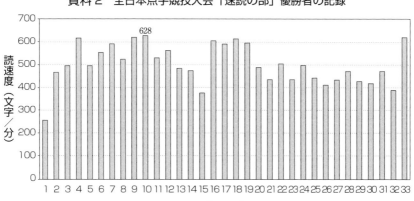

資料2　全日本点字競技大会「速読の部」優勝者の記録

1) 横軸の数字は大会数で，第 1 回は 1967 年，第 32 回が 1998 年であり，第 33 回は 2009 年に開催された。
2) 過去最高の読速度は，1976 年第 10 回で記録された 628 文字である。

者であった。これまで盲児の最高読速度500文字は経験していたが，我が国最高レベルとも言える700文字に近い読み方を実際に目にすると鳥肌が立った。特に左右差がほとんどみられなかった対象者B1の読み方には，感動すら覚えた。その研究4から得られた結論は，「熟達者にはある特定のタイプが多いということはなく，両手型，右手型，左手型を示すものがそれぞれいたこと」，さらに「熟達者には左右差が20％以内の両手型は少数であり，いずれのタイプも左右差の小さい対象者に両手読みの利得が大きかったこと」であった。これらの結論は，研究2（第一章第2節）の盲児を対象にした結果と同じであった。さらに熟達者が小学部1年時の点字導入指導と本調査時の手のタイプを比較すると，両手を重視する指導を受けた8人は，左手型6人と右手型2人になっており，両手型を示した者はいなかった。このことは，両手ともに速く読むことができるような指導が基本であるが，年齢が進むにしたがっていずれかの手に優位性が生じることを示しており，その左右差を可能な限り少なくする指導が大切であることを示すものであろう。そして，左右の読速度の差が2対1以内の対象者に両手読みの利得が大きく現れたことから，これは指導の目安と考えることができる。

　研究5（第2節）と研究6（第3節）では，熟達者のビデオ画像を分析し，その軌跡とロスタイムの検討を行ったが，その目的は，点字読みの「効率的な手の使い方」を定量的に検討することであった。1人あたりわずか1分間の画像であるが，30分の1秒ずつコマ回しをしたので，その分析には1人に1時間以上かかり，結果が出るまでにはかなりの時間を要した。特に研究5で得られた「両手活用型」と「非両手活用型」に分類することで，「両手型」「右手型」「左手型」による分類よりも，「効率的な手の使い方」を合理的に説明することが可能となった。すなわち，「行頭を左手，行中央を両手併行，行末は右手だけ」という手の使い方が最も合理的で，その成果として両手を活用することによる利得が大きくなったことである。さらに研究6においては，両手活用型はロスタイムが少なく，なかでも対象者B3は1分間

すべてが読書時間であり，ロスタイムは全くみられなかった。そして，「両手活用型」の対象者には右手で行末を読む間に左手が次行の行頭を読み始める「同時読み」が出現することも明らかとなった。

第三章　効率的な両手読みを意図した点字指導法に関する研究

第１節　文部(科学)省著作国語点字教科書にみる点字触読指導法(研究7)
第２節　総合考察と今後の課題

第1節　文部(科学)省著作国語点字教科書にみる点字触読指導法（研究7）

1　目　的

　我が国の点字教科書は，1890（明治23）年に石川倉次翻案による点字が完成して以来，文部（科学）省によって作成されてきたが，その編集方針は次の3つに分類できる（文部省，1978）。

　ひとつは，小・中学校の教科書を多少の修正を加えるがほぼ原本どおり点訳したもの，2つ目は，これとはまったく別に盲児用として独自の内容で編集したもの，3つ目は，一般のものを一部加除修正し，必要に応じて独自の内容を補充したものである。戦前および1949（昭和24）年度から1958～1965（昭和33～40）年度ごろまで使用された教科書は，第2あるいは第3の形態に属していた。この方法は，盲学校の特性がよく考慮され，指導上の効果も期待できたが，編集作業に長期間を要し，また弱視の児童生徒には必要のない教材も含まれていた。そこで文部（科学）省は，1958（昭和33）年度からこれまでの編集方針を改め，重点を第一の形態に置くことにし，民間で発行している文部（科学）省検定教科書の内容に加除修正を加え，小学部用には国語，社会，算数，理科の4教科，中学部用には国語，社会，数学，理科，英語の5教科を文部科学省著作教科書として発行している。そして点字触読導入教材は，小学部用国語1年教科書第1巻に検定教科書には掲載されていない内容として「追加」され，その編集内容を教員向けに示した「点字教科書編集資料」が作成されている。

　そこで本節の研究7では，第一章と第二章で明らかとなった効率的な両手

読みを獲得するための点字指導のあり方を考察するため，次の2点について検討した。

1. これまでに発行された文部（科学）省著作「国語点字教科書1年」に掲載された点字触読導入教材の内容を明らかにする。
2. 2011（平成23）年度に改訂された「国語点字教科書1年」の内容について，全国盲学校教師に対して調査を行い，点字指導に関する課題を明らかにする。

2　方　法

(1) 点字教科書からの検討

　我が国最初の著作教科書は，1929（昭和4）年から1934（昭和9）年にかけて発行された「盲学校初等部　国語読本」全12巻であり，以後，文部科学省著作点字教科書として発行され続けてきた。これらのいくつかが筑波大学附属視覚特別支援学校資料室に保存されており，実際に入手できた以下の小学部1年用点字教科書と点字教科書編集資料，および1963（昭和38）年発行の盲学校小学部国語学習指導書から，点字触読導入教材の内容を検証した。

1) 1929（昭和4）年発行教科書「盲学校初等部　国語読本」甲種，乙種
2) 1949（昭和24）年発行教科書「よにんのいいこ」
3) 1963（昭和38）年発行「盲学校小学部国語」学習指導書
4) 1968（昭和43）年発行教科書
5) 1973（昭和48）年発行教科書
6) 1983（昭和58）年発行教科書
7) 1996（平成8）年発行教科書
8) 2002（平成14）年および2005（平成17）年発行教科書
9) 2011（平成23）年発行教科書

(2) 点字指導に関する課題等

1) 調査対象校
小学部を設置する全国盲学校 66 校（平成 23 年度新設校 1 校を含む）。

2) 調査方法
全国盲学校長会（会長，東京都立八王子盲学校長，座間幸男先生）を通じ，会員校宛に質問紙をメールで送付して頂き，メールでの回答を求めた。

3) 調査内容
① 改訂された点字導入教材に関する意見

2011（平成 23）年度に指導した先生から意見を求めた。指導対象児がいなかった学校へは，改訂内容に関する意見を求めた。

② 各校の点字導入方法に関する内容

これまで指導してきた方法について，以下から複数回答にて選択してもらった。

1. 国語点字教科書 1 年の導入教材
2. 道村静江による点字指導プログラム
3. 他動スライディングによる指導プログラム
4. 文部科学省「点字学習指導の手引　平成 15 年改訂版」
5. その他

③ 点字導入指導に関する各校の課題（自由記述）

4) 調査時期
2012（平成 24）年 3 月 17 日から 4 月 27 日。

3　結　果

(1) 点字教科書における点字触読導入教材の比較

　Table 7-1 は，点字導入教材の特徴を発行年度別にまとめたものである。レディネス教材とは導入教材のうち文字読みとりの学習に入る前段階となる点の位置の弁別学習や行たどり・行移し等の学習内容である。

　なお，サーモフォームとは真空成型による触図作成方法で，点の位置の弁別学習のためのレディネス教材の一部として挿入されたものである。

　以下，各教科書の特徴の詳細を示した。

1）1929（昭和4）年発行教科書「盲学校初等部 国語読本」甲種，乙種

　明治から大正にかけての盲学校用教科書は，主に一般の小学校の教科書の点訳本であったが，1929（昭和4）年から1934（昭和9）年にかけて発行された「盲学校初等部 国語読本」全12巻は，我が国最初の文部省著作国語科点字教科書であり，盲児のために独自に編集されたという大きな特徴を持つ。編集方針について佐野（1930）は，「なるべく普通の読本から離れないようにして，而も盲人に不適当と思われる材料は，そのものにより，あるいは省き，あるいは書き換え，上級の方へ送る」と述べている。また保護者向けに全巻にわたり墨訳（点字をカナ文字に訳すこと）が巻末に掲載されていた。当時需要の多かった「尋常小学国語読本」を基本に，「尋常小学読本」の内容も合わせ，この2冊を原典として作成し，しかも盲学校独自の教材も加えてあったことから，この墨訳は教師にとっても便利なものであった。

　この1年用点字導入教材の特徴のひとつは，「甲種」と「乙種」の2種が発行されたことである（Fig. 7-1）。2種を発行した理由は，当時盲学校には通常の1年児童よりも年齢の高い児童が入学することが多く，知識や経験が豊富な児童のために編集した教科書が必要である一方，学齢児童のための教

Table 7-1 点字導入教材の特徴

発行年	昭和4 甲種	昭和4 乙種	昭和38	昭和43	昭和48	昭和58	平成8	平成12	平成14	平成17	平成23
判の体裁	B5判横長	B5判横長	不明	B5判・縦長							分冊・片面書き
第1巻頁数	12	12	50	50	87	160	196	196	134	130	58
導入教材頁数	12	12	50	50	58	108	119	119	59	59	58
レディネス教材ページ数	0	0	20	20	22	43	55	55	24	24	34
サーモフォーム教材枚数	0	0	0	0	5	4	4	4	4	4	0
編集方針 編集内容	盲児用に独自に編集したもの。年長者向け	盲児用に独自に編集したもの。学齢児童向け	1. 1年上を「てんじのおけいこ」として編集した。2. 前半は、点字触読の基盤としての感覚訓練に重点を置いた。3. 後半は、点の組合せによる識別の難易度を考慮に入れて日常語を配列し、50音より基礎点字の習得を目指した。4. 単に点字の習得のみに留まらず言語指導の基礎と生活経験の拡充のねらいを合わせはたそうとした。			ア．当初から両手読みを指導すること。右手読みより左手読みを重視する。 イ．手指の行たどり、行がえ動作の訓練をどの頁でも重視する。 ウ．点の位置の弁別訓練を十分に行うこと。安易に文字指導に進まないよう留意する。 エ．偶数頁の練習教材でもなお不足の場合は児童の能力に合わせて練習教材を作成する。 オ．点の位置の弁別以降の教材では点の位置を確認する手がかりとして「メの字」を用いた。	ア．当初から両手読みを指導すること。右手読みより左手読みを重視する。	ア．読み速度の左右差が大きくならないように留意する。			第1学年第1巻は、今回、点字学習のための導入教材の巻として分冊された。指導に当たっては、児童の実態を十分に把握した上で、点字習熟に向け指導することが大切である。特に、「点字学習指導の手引（平成15年改訂版）」（平成15年文部科学省）などを参考にし、必要な補助教材の準備や指導の工夫が必要である。この際の一般的留意事項は以下の通りである。①当初から両手読みを指導する。②行の上に、両手指を置くことを大切にする。③行たどり、行がえの動作を大切にし、両手への分業へと繋げられるようにする。④点の位置の弁別訓練を十分に行い、点字の1マスの枠組みが理解できるようにつとめ、安易に文字としての指導に進まないように留意する。
						偶数ページの教材は練習用の補助教材とした。	「点字学習指導の手引き（改訂版）」（平成7年文部省）で示された、新しい指導法に合わせた教材を追加した。	必要な内容を精選しているので盲児童の実態に応じて適切な補助教材を準備することが大切である。			
特徴	大きい点字					標準サイズの点字					
	50音系列で文字を提示	弁別しやすい文字から提示	①点字触読の基礎となる感覚訓練の段階 ②点字を「形」として識別する練習の段階 ③点字をことばとして読む練習の段階	点字形を線パターンで指導するサーモ教材	点字読み熟達者の方略に基づく教材の導入						
		両手読み教材							導入教材の精選		
		点図2枚	レディネス教材が追加される								
	数字表記		レディネス教材のページ表記に、大点と小点、及び小点4つの組合せを使用し、点字未習得の盲児にも分かるように配慮			数字表記					
点字学習指導の手引の発行						昭和50年版	平成7年版			平成15年版	

科書も必要であったためで、いずれを選ぶかは学校の方針によるとされた。

　甲種は、五十音系列で文字を選択、配列し、次いで五十音を含んでいることばをあげていく方法である（Fig. 7-2）。つまり、母音の「ア・イ・ウ・エ・オ」を学習した後に「アオ・イエ」等のことばを、「カ・キ・ク・ケ・コ」を学習した後に「アカ・イケ・キク・カキ」等のことばを学習する方法をとっていた。例示のことばは2文字を原則とした。ローマ字のように、母音と子音を組み合わせていく方法であり、しかも無意味なことばではないので、年齢の高い児童には五十音系列で文字を提示する方法が有効であると考えられた。反面、「オケ（桶）・ソコ（底）・ウス（臼）・コテ（鏝）・ヒシ（菱）・ヘタ（蔕）」等、子どもにあまり親しみのないことばがたくさん出てくるため、ことばを知らない、あるいは模型を与えても説明しがたいような

Fig. 7-1　1929（昭和4）年発行「国語読本　巻一」甲種と乙種の表紙

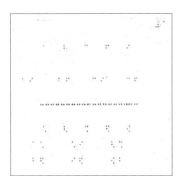 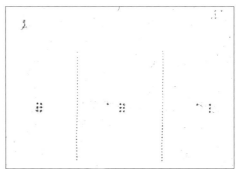

Fig. 7-2　導入文字配列の比較（左は甲種、右は乙種）

ことばが出てくることが欠点であった。そのため，「6・7歳の児童には理解興味を伴わず，文字の会得に悪影響がないともいえず，児童にとっては負担である」と川本（1929）は指摘している。

　これに対し乙種（Fig. 7-2）は，弁別しやすい点を含む文字から提示し，児童が親しめ，発音の容易な語を取り上げており，その文字選択配列の配慮点として次の6点が挙げられている。

　イ：点が区別しやすいこと。
　ロ：文字を児童の親しめることばと連絡すること。
　ハ：発言の容易なるものより進むこと。
　ニ：必ずしも急いで多くの異なった文字を教授し，注文的に記憶せしめることを主としない。漸次に練習し，繰り返す間に之を記憶せしめ且つ応用の力を練ること。
　ホ：単語の名詞を少なくし，単語教授の弊を防ぐ為に，比較的早く句ついで文章を提出したこと。
　ヘ：文字及びことばの練習の為に，補充教材又は応用教材を各地で選択し教授し得る余裕を存したこと。

　「巻一」に掲載された文字は，甲種乙種ともに，五十音の清音全部と濁音・半濁音の一部，長音，促音，一から十までの数字に限られ，拗音は「巻二」に掲載されていた。判の大きさは，児童に取り扱いやすい大きさとし，通常の点字図書が縦長であったのに対し，横長であった。その理由は2点ある。1点目は文字の入る量は横長のほうが多いこと，つまり上等の紙を使用するので1ページに入る文字を多くしたほうが安価になる。2点目は，両手読みの練習を促すことが目的であったことである。乙種では両手読みの指導を重視しており，ページ真ん中に縦線を1本引き，左半分を左手，右半分を右手で読む教材が示されていた（Fig. 7-3）。

　川本（1929）は「点字を読むのに，左指または右指のみで読むのと，両手で1行ずつ読む，両指を用いるのであるが同時に用いないで左指で左半分を右指で右半分を読むと4種ある。最も迅速に読み得るのは第4番目に書いた

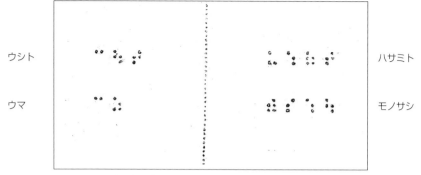

Fig. 7-3　1929（昭和4）年教科書6ページに掲載された両手読み用教材

ものである。左手で左半分を読み，右手で右半分を読む練習をすると書物が大きくても迅速に読める。第1行目の後半に至ると，右指で読む間に，左指は第2行目の最初に触れている。そうすると左指はその運動距離が短くて都合がよいばかりでなく，右指の最後の文字または言葉と2行目の最初の文字または言葉との連絡もつきやすい。その結果読書が自然に早くなる。文章を写す場合においては左手，文章を読む場合には左右の指で各行半分ずつ読む練習をつけることが最も有利であり適切であると思う。左右半分で読むということは，英国の読人の読書や，本邦人に調べたが疑問はない。今述べたごとくか否かは今後の研究を期待する」と指摘した。

　なお，甲種乙種の後半部分は共通の教材となっている。

　さらに「巻一」と「巻二」では，点字の大きさが現在のものよりも大きくなっていた。これは点間や字間を空けて，容易に触読できるように配慮したものと思われる。しかし川本（1929）は，「字が大きすぎて分からないという説がある。これは習慣によるのである。第三巻からは小さくする」と述べている。中途失明の大人に有効とされる大きな点字も，指先の小さい盲児にとってはかえって読みづらいことによる反省と思われる。

2) 1949（昭和 24）年発行教科書「よにんのいいこ」

戦後最初に完成したのが盲学校小学部国語科第 1 学年用教科書「よにんのいいこ」（文部省，1949）である（Fig. 7-4, Fig. 7-5）。これは，満 6 歳の全盲の児童が学習の中心となるものと予想して作られ，内容は物語となっており，盲児の生活を中心とした。

盲児は世間の習慣や礼儀作法等に欠けるおそれがあるとの配慮から，あいさつや晴眼児と遊ぶ教材も取り上げた。また，視覚によらなければ理解できないような表現は避け，聴覚，触覚に関係することを主に取り上げている。

使用時期としては，この教科書を使用する以前の訓練期間を約 4 週間とみ

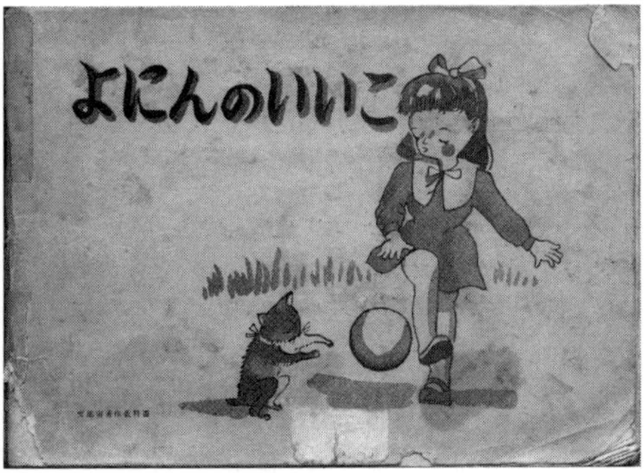

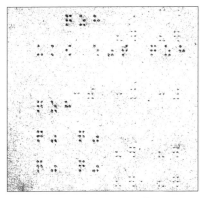

Fig. 7-4　1949（昭和 24）年発行「よにんのいいこ」表紙（文部省，1949）

てまり

はなこ　さんと　てまり

てまり

てん　てん

てん　てん

Fig. 7-5　「よにんのいいこ」3 ページ目の教材

て，およそ5月上旬頃となる。それ以降10月中旬まで約17週間にわたって使用する予定としている。しかしながら「訓練期間4週間」の内容は掲載されていないため，その詳細は不明である。

3) 1963（昭和38）年発行教科書

1963（昭和38）年には「『盲学校小学部国語』学習指導書」（文部省，1963）が発行された（Fig. 7-6）。この「はしがき」に，当時特殊教育課長であった林部一二は，「従来の点字教科書については盲児童の事物認識の特性や点字表記の特質等の面から，なおいっそうの配慮が望まれる点が少なくなかったので，今回これらの点を考慮して新教科書を作成した。今回の教科書作成に当たっては特に点字触読に関し，その基礎学習を効果的にし，さらに点字指導の体系を整えることとともに，盲児童の特性に適応した題材の選定およびその内容の構成に重点を置いた」と記している。

特に配慮された事項が点字の初期指導である。その趣旨について，「点字初歩指導の合理化と系統化を図るため，1年上を『てんじのおけいこ』として編集した。それは，新入児童のための点字初歩指導の教科書を求める声が高まってきたためである。この前半では点字触読の基盤としての感覚訓練に

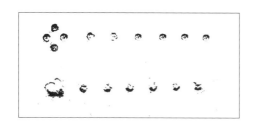 

Fig. 7-6　点字未習得段階の盲児に配慮したページ表記と学習指導書表紙

（文部省，1963）

重点を置き，後半では点の組合せによる識別の難易度を考慮に入れて日常語を配列し，五十音など基礎点字の習得を目指すものとした。ただし，前後半共に，ゲーム化，パズル化等の取り扱いを通じ，単に点字の習得のみに留まらず『きく』『はなす』など言語指導の基礎と生活経験の拡充のねらいを合わせはたそうとするものである」ことが記述されていた。

この点字触読導入教材は，現在の導入教材の基礎となったものであり，①点字触読の基礎となる感覚訓練の段階，②点字を「形」として識別する練習の段階，③点字を「ことば」として読む練習の段階の3部構成となっている。

① 点字触読の基礎となる感覚訓練の段階

文字導入以前に，「ながさくらべ」「ひろいみちせまいみち」「きれめをさがそう」「くじびきあそび」「陣取りゲーム」「すごろく」などの表題で，文字学習のレディネスとなる教材が挿入された。ここでは，指頭の触覚訓練だけでなく，手指の巧緻の訓練も合わせて行わなければならない。したがって，「おはじき拾い」「ジャンケン遊び」「つみ木ならべ」「ひも通し」などの作業が適宜取り込まれている。文部省は1984年に，「視覚障害児の発達と学習」を発行したが，ここには点字のレディネスとしての手の操作と認知として以下の7項目を指摘している（文部省，1984）。

　ア．手のひらで平面をまんべんなくなで，必要な部分に着目して指先で詳しく調べる。

　イ．物を平面で直線的に移動させたり，縦横斜めなど様々な方向の直線を両手でたどる。

　ウ．左手の人差し指を出発点において右手の人差し指で様々な方向の直線をたどる。

　エ．十字形に交わった線をたどるなどして左中右，上中下の方向を理解する。

　オ．上下左右の中から2方向を組み合わせて左上，右下というような位置の定位をする。

カ．円・三角・四角など簡単な図形を弁別する。
キ．はめ板などを用いて円・四角・三角などの形をはめ込む。

1963（昭和38）年発行教科書で示された事項は，その発端となるものであり，当時から盲児にとって両手指を十分活用できるよう指導することの重要性が指摘されていたことがわかる。

② 点字を「形」として識別する練習の段階

第1段階で「ア・ニ・ナ・イ」の4文字，第2段階で「フ・レ・ウ・メ」の4文字，第3段階で「ヤ・カ・ク・ヌ・ハ・ユ」の6文字，第4段階で「ヒ・ヲ・ン・ワ・オ・ラ・エ・ル」の8文字，第5段階で「リ・ロ・ス・ネ・キ・ヨ・ノ・サ」の8文字，第6段階で「タ・コ・チ・ソ・ト・シ・ム・ヘ」の8文字，第7段階で「ツ・ケ・マ・ホ・ミ・モ・テ・セ」の8文字を提示する。

この配列は，点の数と位置，および相互の類似・対称などによるものであるが，厳密な意味での難易の順序を示すものではないと指摘し，「つめ込み主義にならないように」との注意があった。そして，新入盲児童には，「ア行に6の点を加えるとカ行になる」といった五十音構成の理論は必要でなく，点の位置も「左の上」「左の中」「左の下」「右の上」「右の中」「右の下」などの呼称を用いるほうが適当であると指摘した。また，配列の特徴として，「ヤ」と「カ」，「ク」と「ヌ」といった，鏡文字となる文字を同時期に提示している点がである。

③ 点字を「ことば」として読む練習の段階

作業や遊びの中で「話す」「聞く」などの言語学習を深めながら「ことば」としての点字に習熟させること，関連用語のカードの併用が極めて重要であることが指摘され，「アメアメ　フレフレ」「ウメノ　ハナ」「カサト　クツ」「ドーブツノ　ナキゴエ」「ドーブツノ　ヨース」などの表題で，自然の様子，身の回りの生活に関することばを中心に取り上げる。また，文字の学習にとどまらず，「ウメ・ハナ」を学習するときには季節の花々に触らせること，「カサ・クツ」を学習するときには雨の日の体験を話し合ったり，雨の歌な

どを歌うこと，動物の鳴き声「イヌワ　ワンワン　ウマワ　ヒンヒン」の学習では，実物や剥製などを触らせて身近な動物について話し合いをさせるなど，指導上の留意点が詳細に書かれている。

　この他にも，まだ点字が読めない児童が触ってページ数がわかるように，奇数ページの右上に小凸点で1～9ページを，大凸点で10ページを示す配慮（Fig. 7-6の左），関連用語のカードを用いた補充教材作成の留意点，さらには，点字触読の正しい姿勢，手指の運動，触読の圧力への配慮の必要性も指摘されていた。

4) 1968（昭和43）年発行教科書

　点訳に当たっての原典の加除修正は，1967（昭和42）年頃からは最小限にとどめられることになった。これは盲学校就学者のうち，弱視者の占める率が全体の60％にも達しており，同じ教室で全盲者と別々の教科書の内容で指導することが困難であること，また全盲であるからと言ってことさらに一般とは異なった内容のものを指導する必要はなく，指導技術の面で特別の配慮をすればよいという考え方が強くなってきたことによる（大川原，1976）。

　また，現在の1年用算数点字教科書の第1巻にみられるような点図の「渦巻き」「複合図形の線たどり」などの触察導入教材が掲載されていた（Fig.

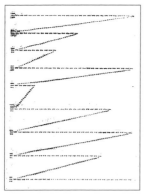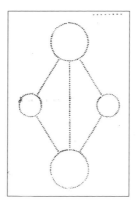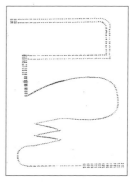

Fig. 7-7　線たどりの導入教材　（文部省，1968）

7-7)。当時の算数科1年生第1巻にも，「うずまき」「ふといせんをたどりましょう」「ながさくらべ」などの教材があり，国語と算数の双方の教科で両手を使った触察の指導が重要視されていたことがわかる。

5）1973（昭和48）年発行教科書

1973（昭和48）年に初めて点字導入教材にサーモフォーム（盲人用触覚教材を作成するための米国製凸版複製機）で作成された教材が5点加わった。このうち4点は2010（平成22）年度まで掲載されていた。

同年には，「センワ　ドチラムキデショー」の課題があり，点字の形を線パターンとしてとらえさせる教材が導入された（Fig. 7-8）。これらは，「－」「｜」「／」「＼」「L」「＜」などの線図形を最初に理解させ，次ページに「⠂」「⠂」「⠂」「⠂」「⠂」「⠂」などの点字形への導入を意図したものである。なお1977（昭和52）年以降，この教材は削除された。

この年から「オナジ　カタチヲ　サガシマショー」の教材が追加され，1963（昭和38）年の，②点字を「形」として識別する練習の段階，③点字を「ことば」として読む練習の段階が，同じページに提示されるようになった。つまり，ページ上部で「ア」「メ」「フ」「レ」の文字を1マスあけで学習したあと，同じページの下部で「アメ」「フレ」のことばを学習していくレイアウトであり，この形式は現在も変わっていない。

1マスあけで文字を提示した理由は，触読のしやすさと，音節との対応を

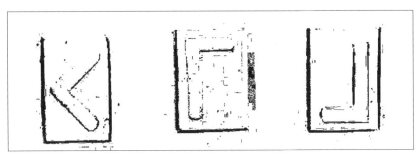

Fig. 7-8　線図形による点字導入教材（文部省，1973）

明確にするためである。文部省（1975）が初めて発行した『点字学習指導の手引』には、「音節と対応させて文字を習得させようとする場合，構成の単純な音節から指導するのが当然であろう。最も調音活動の単純なものはア行音であるから点字の指導もア行の文字から指導することにする」。さらにどの文字を指導するかについては判断が極めて難しいとしながら、「一般的には音節の作り方・発音のしやすさ・使われる頻度数などを考慮する必要がある。点字の場合には特に字形の安定度ということが重要な要素となる。字形の安定度というのは点字の6点の上下方向と左右方向とが共に揃っているものをいう。マ行・ハ行などの点字である。不安定な字形とは右側の欠けている『ナ』『ニ』，3・6の点の欠けているラ行などである」としている。また音節の作りや発音のしやすさも極めて大切な要素であるとし、「どういう文字（行）からどういう順序で指導すればよいかということについて現在のところ定説はない」としている。

6) 1983（昭和58）年発行教科書

　1974（昭和49）年より原典教科書をどのように編集したかについて教師向けに解説した点字教科書編集資料が発行されている。その中に点字導入教材に関する記述が掲載されたのは1983（昭和58）年発行からである。その事項は以下の5項目である。

　　ア．当初から両手読みを指導すること。右手読みより左手読みを重視すること。
　　イ．手指の行たどり，行がえ動作の訓練をどの頁でも重視すること。
　　ウ．点の位置の弁別訓練を十分に行うこと。安易に文字指導に進まないよう留意すること。
　　エ．偶数頁の練習教材でもなお不足の場合は児童の能力に合わせて練習教材を作成すること。
　　オ．点の位置の弁別以降の教材では点の位置を確認する手がかりとして「メの字」を用いている。

なお2000（平成12）年に最初の事項は，「ア．当初から両手読みを重視し，読み速度の左右差が大きくならないよう重視する」と修正されたが，その他の内容は2005（平成17）年版まで変わらなかった．

7）1996（平成8年）発行教科書

『点字学習指導の手引き（改訂版）』（文部省，1995）発行に伴い，1996（平成8年）版から点字読み熟達者の方略に基づく教材が挿入された．その内容は，日本語を表す点字を以下の6つに分類し，段階的に学習を進めること，そしてそれぞれの段階では数文字程度を1つのステップとして提示し，継時的な点字のイメージの特徴を把握したり，文字や符号の判断をしたり，それらを組み合わせて意味のある単語や文として読み取ったりすることなどができるよう指導していくというものである．

教材の順序は，左半マス（①②③の点）だけからなる文字をまず提示し，そしてこれらに右半マス（④⑤⑥の点）の特定の点を加えた文字を数文字程度の仲間に分け，ステップごとに提示している．これらの提示順序は結果として清音の行単位の提示方法と類似することになる．次いで，促音，長音，濁音などの学習をし，左半マスが共通している文字や符号を仲間分けし，ステップごとに学習させる．その結果として，ヤ行・ワ行の文字，数符や第1つなぎ符などを取り上げると共に，清音を表す文字を列単位として整理することができる．

①ア行・ナ行・カ行・ハ行の読み取り
②タ行・ラ行・サ行・マ行の読み取り
③促音符・長音符・濁音・半濁音の読み取り
④ヤ行・ワ行の点字の読み取り
⑤拗音・拗濁音・拗半濁音の読み取り
⑥特殊音点字の読み取りと仮名遣いの意識化

点字教科書では，両手読みの動作の制御，次いで1マス・2マスあけのイ

メージの形成および行の途中の変化の弁別，1マスにおける点の上・中・下および左側・右側の位置の弁別ができるようにした上で，左半マスと右半マスのイメージを合成して，1マスの点字記号を継時的に読み取る枠組みを形成する課題が取り上げられている。その内容は，「ボート　テンヲ　ミワケマショー」「ヒダリト　ミギヲ　アワセマショー」「ドレト　ドレノ　クミアワセデショー」「ドンナ　カタチニ　ナルデショー」の4タイトルで14ページが追加された。しかし，点字教科書の教材提示の仕方と，『点字学習指導の手引（改訂版）』（文部省，1995）の内容とは若干異なっており，同じ文部（科学）省の著作であるが，統一された指導法が示されているわけではなかった。

8）2002（平成14）年および2005（17年）発行教科書

2002（平成14）年版以降では大幅な教材の精選が行われた。2000（平成12）年版の1年上巻点字教科書は，点字導入教材が追加されて196ページになっていたが，盲児童の利便性と学習意欲の向上を考慮し，120ページあった導入教材を59ページに半減させている。これは，それまでの導入教材を削除したわけではなく，偶数ページに掲載されていた発展教材を省くことによって2分の1になったものである。

9）2011（平成23）年発行教科書

この教科書は，2011（平成23）年度から実施された新たな小学校学習指導要領に基づいて編集されたものである。この年初めて点字導入教材が分冊され，3分冊となった。

これまでの1年国語教科書は，原典となる検定教科書と同様に上下2巻で構成され，上巻冒頭に点字触読導入教材が追加されていたため，その厚さは上巻が下巻の2倍ほどになっていた。この編集方法では厚みのため紙面が湾曲し，初めて点字を学習する盲児には不適切であったこと，また高学年の中途失明児童に「1年生」と書かれた教科書に抵抗感を示す者がいたことなど

Fig. 7-9　点字教科書編集資料（文部科学省，2011）

から，編集委員会では文部科学省に以前から分冊化を要望してきたが，これがようやく実現した。

　また，印刷方法も両面印刷から片面印刷になり，盲児の読みやすさが考慮された。さらに教材も大幅に修正され，その詳細が点字教科書編集資料（Fig. 7-9）に掲載されている。修正された教材は，これまでよりも点字指導書（文部科学省，2003）に準拠した内容となっている。さらに一般的留意事項として，「①当初から両手読みを指導する。②行の上に，両手指を置くことを大切にする。③行たどり，行替えの動作を大切にし，両手への分業へと繋げられるようにする。④点の位置の弁別訓練を十分に行い，点字の１マスの枠組みが理解できるようにつとめ，安易に文字としての指導に進まないように留意する」と，その内容も改訂された。

(2) 2011（平成 23）年発行教科書に関する意見と，各校が抱える点字指導に関する課題

1）回収率

　小学部を設置する盲学校 66 校中，65 校（98.5％）から回答を得た。なお，2011（平成 23）年度に休校となった学校とこの年新設された学校があり，以

下は64校の結果である。

2) 実施されている指導法

各校で実施されてきた指導法を，1年国語点字教科書の導入教材，道村静江先生の点字指導プログラム，他動スライディングによる指導プログラム，文部科学省「点字学習指導の手引 平成15年改訂版」，その他の選択肢を設け，複数回答で尋ねた。その結果をFig. 7-10に示した。

点字学習指導の手引が58校（90.6％），次いで1年国語点字教科書の導入教材が45校（70.3％）であり，以下，道村先生の点字指導プログラム37校

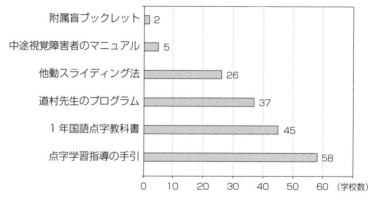

Fig. 7-10　各校で実践されてきた指導法

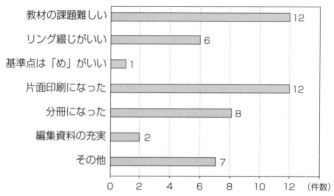

Fig. 7-11　新しい導入教材に対する意見

(57.8%)，他動スライディングによる指導プログラム 26 校（40.6%）と続き，その他として，中途視覚障害者のマニュアル 5 校（7.8%），附属盲ブックレット 2 校（3.1%）のほかに自作教材があげられた。

3）点字導入教材に関する意見

　この質問は，2011 年度から新たになった「国語点字教科書 1-1」の内容について，1 年に対象児がいたと回答のあった 24 校に尋ねた。なお対象児数総計は 39 人で，1 人が 17 校，2 人が 2 校，3 人が 3 校，4 人と 5 人がそれぞれ 1 校であった。

　24 校中，新しい導入教材を使用した学校は 21 校で，不使用が 3 校あった。不使用の理由は，「これまでの教材や他の指導法を利用した」「児童の実態と合わないから」がそれぞれ 1 校，未回答が 1 校あった。

　Fig. 7-11 に，寄せられた主な意見を示した。良くなった点として，「片面印刷になった」12 件，「分冊になった」8 件，「編集資料の留意点が詳しく書かれていた」2 件で，「教材作成の参考になる」「分量が増えた」「点の位置や形の違いの教材の充実」「点字ドリルの充実」「点字学習指導の手引に沿っていて指導しやすかった」「児童が楽しめる内容だった」「カリキュラムがはっきりしており経験の少ない教師もわかりやすい」が各 1 件であった。

　一方改善が望まれる点として，「教材の課題が難しい」12 件，「リング綴じが望ましい」6 件，「文字の初めの基準点は以前のように『め』がよかった」1 件があった。その他，「修正があった場合すべての盲学校に導入教材を提供してほしい」「保護者向けの墨字資料があるとよい」「もっと課題があるとよい」「点字を導入したい時期に『1-1』を採択したい」が各 1 件であった。

　新しい導入教材についてはまだ実践事例が少ないので，引き続き検討が必要である。

4）各校の抱える課題（自由記述）

　対象校 64 校のうち 60 校から記述があり，4 校は「特になし」であった。

指摘された内容に表現の違いはあるが，専門性の維持・継承を課題にあげた学校は54校（84.3%）に上った。具体的内容は，「人事異動や指導者の固定化」「後継者を育成する校内研修の在り方」等，専門性のある指導者の減少を指摘したのが67件，「対象児童がいない」ことによる専門性の指摘は29件であった。さらに，「単一障害児の指導」「重複障害児の指導」「墨字から点字への切り替え」等，指導力の向上に課題があるが30件あった。その他，「保護者との連携」「児童が少ないために児童の学習意欲が上がらない」の意見があった。

以下に，指摘された具体的内容を抜粋して示した。

① 専門性の維持・継承
- 長年点字の初期指導に当たってきた教員が退職し，導入指導のノウハウの継承が充分に行われたとは言えず，現在は導入指導を1〜2度行ったことのある教員が数名いるのみで，学校全体として充分な指導力があるとは言えない状態である。
- ベテラン教員の退職または異動，他障害種からの人事異動が多い。点字指導のできる教員が少ないため同じ人ばかりが担当し，新しい人が育たない。
- 県内で唯一の視覚支援学校であるため，他の支援学校へ人事異動をすると視覚障害教育に携わる機会が激減してしまうこと。
- 単一障害盲児童は10年に1名程度しか在籍していないため，導入期の指導経験者がほとんどいない。研修等で学ぶが実践の機会がない。
- 児童数が少ないため，点字導入指導や点字を使った教科指導を行うことが5年以上もないということがある。加えて実態も大きく違うため，先例を参考にしたり，経験者に相談したりする機会が少ない。
- 専門性を引き継ぐために記録や資料を残していかなければならない。
- 全体の研修とともに教科担任で研修をすることを計画中。

② 具体的な指導スキル
- 経験がないことによる特定の指導法に固執してしまうことは心配である。

相談できる人がいると，個々の児童に合わせた教材，方法の利用が大切であると実際に経験すること。
・既存の指導プログラムをそのまま実施したのでは，実態に合わない児童生徒が増えてきたように思う。児童生徒に実態に合わせて，工夫した指導をすることの難しさを感じている。
・重複化に伴い，指導の工夫が必要であり，そういった実態に対して適切なアドバイスができ，知的障害があっても点字導入できる子どもがいるということを伝えられる教員もいなくなりつつある。
・重複障害児が点字を導入するレディネスを備えているかどうかの見極めが難しい。
・経験者も指導について検討したり確認したりする人が少ないので不安。
・指導方法や指導プログラムについて最新の情報がほしい。
・墨字から点字へ切り替え時期の見極め，通常の学習をしながらの点字指導が難しい。

③ その他
・墨字から点字に切り替えた子どものモチベーションを上げること。
・点字使用の子どもが全校で1人であり，切磋琢磨し合う友達がおらず学習意欲が高まらない。
・弱視児童の点字に切り替える目安やタイミングが難しい。
・現在，点字使用の子どもであっても地域の小学校に入学する子どもが多くなり，学校では点字教科書すら用意していないというケースもある。
・予算の関係で対象児のいない学年の点字教科書の購入が厳しい状況にある。
・盲学校のセンター的機能を利用してもらい，学習に支障がないよう点字の読み書きができ，活用できる環境を作ってもらいたいと願っている。
・家庭学習に欠かせないのは保護者の協力である。児童への点字指導と共に，保護者にも点字を学習してもらう必要性が大であると感じる。
・本来なら小学1年生で習得することを就学前に身につけさせ普通小学校

へ送り出すことには限度がある。

4 考　察

過去の点字触読導入教材を検討した結果，現在の点字教科書からは消滅しているが，現在でも検討に値する内容があることが明らかになった。ここでは2011（平成23）年度から使用されている最新の点字教科書をもとに，効率的な両手読みを意図した点字指導法について考察する。

(1) 点字指導法の改善について

前述した教師の意見には，効率的な両手読み教材に直接かかわる内容は指摘されなかったが，筆者はこれについていくつか提案したい。

新たな編集資料（文部科学省，2011）では効率的な両手の使い方について，「①当初から両手読みを指導する，②行の上に，両手指を置くことを大切にする，③行たどり，行替えの動作を大切にし，両手への分業へと繋げられるようにする，④点の位置の弁別訓練を十分に行い，点字の1マスの枠組みが理解できるようにつとめ，安易に文字としての指導に進まないように留意する」ことが掲載されている。

前回（文部科学省，2005）と比較すると，「読み速度の左右差が大きくならないように留意する」が削除された。しかし触読教材の内容をみると，「両手でたどりましょう」はこれまでと同じであり，右手と左手のそれぞれの読速度を高める指導の重要性は示されていない。

川本（1929）は，「最も速く読めるのは両指を用いるが同時に用いないで左指で左半分を，右指で右半分を読む方法である」と述べ，両手それぞれの読みを重視した具体的な教材として，ページ中央に縦線を1本引き，左半分を左手，右半分を右手で読む教材が掲載されていたことは極めて興味深い。大内（2003）はこれに似た「両手協応読み」と称した指導法を提案している。また長年日本点字委員会会長を務めた阿佐（1984）は自身の最終講義で両手

読みの重要性を指摘し，その指導法として1枚の点字用紙に，右手用に「タマゴ」，左手用に「タバコ」のような類似した単語を並べた「まちがいさがし」課題を紹介している。

　このような左右の手を別々に使用させ，効率的な両手読みへとつなげる具体的な課題は今後考慮すべきであると考える。そして何より重要なことは，「効率的な両手読み」とはただ単に両手を揃えることを意味するのではなく，「両手による利得」が大きくなることであり，そのためには左右それぞれの読速度を向上させることが大切であることを指導者が正しく理解することである。

　さらに導入期における指導のみならず，日頃から右手と左手の読速度を測定し，児童一人ひとりの読み方の特徴を把握して指導に当たるなど，継続した指導が必要である。このように，効率的な両手読みに不可欠な右手でも左手でも読むことのできるスキルの獲得には，教師の意図的な介入が必須であり，このことを編集資料に明確に掲載すべきであろう。

(2) その他改善が望まれる事項

　1968（昭和43）年版以前の教科書では，点字導入教材が1巻にまとめられて刊行されていた。つまり，学齢の盲児も中途で点字を使用することになった盲児も，同じものを「てんじのおけいこ」として活用できたと言える。この改訂で点字導入教材が分冊化されたことは意義があり，いつの段階からでも活用できる態勢が確立されたことは評価すべきであろう。

　さらに，早期に視覚を活用することができなくなった盲児と年齢の高い中途視覚障害児童生徒の発達段階を踏まえ，触読教材の語彙や内容の難易度等を考慮した教材を提供することも大切である。1929（昭和4）年の教科書は両者に配慮した内容で作成されていた。今後，中途失明の児童生徒が使用できる点字導入教材の開発は検討課題と言えよう。

　また1968（昭和43）年の国語教科書には，現在使用している算数科1年にある触り方の学習教材と類似した教材が挿入されていた。このことは，当

時から国語と算数の両教科において，両手を使った触り方の基礎学習が1年盲児に必要とされていたことを示している。現在，「算数科1-1」の点字教科書は，触り方の本として別冊で配本されている。これを発展させ，1年児童のみならずどの学年でも使用できる，教科学習の基本となる「触り方の教科書」も望まれるところである。

　さらに1963（昭和38）年と1968（昭和43）年教科書には，数符を用いた通常のページ表記ではなく，大点と小点の数で表示されており，点字未習得の児童でも1点1点を数えることでページがわかるような配慮がなされていた。このような細かな配慮は今からでもすぐに可能な事項である。

(3) 基礎基本を踏まえた点字触読指導

　文部省（2003）は，「点字指導の方法には唯一絶対というものはなく，児童生徒の実態に応じて適切な指導方法を検討することが大切であり，言語能力や触覚的な認知能力などの心理的な特性，点字学習への意欲や態度などの個人的要因によって，指導の順序，開始時期，教材の内容・程度の取り扱いなどを工夫・改善する必要がある」ことを指摘している。

　教科書に示された指導方法は，基本的・原則的なものであり，実際の指導にあたっては，その修正や別の展開が必要となる。教科書の内容を出発点としながら，個に応じた適切な指導方法の開発に努めることが重要であろう。特に，文字提示の順については，「いろいろな考え方があるが，触覚的に字形の安定しているサ行，タ行，ハ行，マ行などから始めるのが無難である」（文部省，1963）とあるように，絶対的に有効な順序が示されているわけではない。

　1年生の児童は，「早く点字を覚えたい」とたいへん意欲を持って入学してくる。そして自分で教科書を読むことができたときの喜びは極めて大きい。触圧，触運動等の基本的な配慮事項をしっかり踏まえた上で，教科書の点字学習教材等を参考に，個々の児童の興味・関心，手指の使い方からその子の課題を見極め，一人ひとりの児童に必要な教材を選定，補充しながら児童が

楽しんで学習できるよう指導を行うことが大切である。

　そして点字指導の必要な対象は，盲学校に在籍する1年生，中途視覚障害児，重複障害児，さらには，通常の学級に通う盲児まで幅広く考えられる。彼らによりよい教科書を提供するためにも，これらの事項は点字触読導入教材の検討課題であると言えよう。

第2節 総合考察と今後の課題

1 総合考察

　筆者は1975（昭和50）年4月に国立視力障害センターの生活指導員として着任し，中途失明者のリハビリテーションの業務に携わった。当時この施設には中学卒業直後の10代からすでに定年を過ぎた60代までと，幅広い年齢の入所生が，あん摩・鍼・灸の三療師として自立するための職業訓練と点字習得や単独歩行などの生活訓練に励んでいた。

　業務の一環で試験監督を何度か経験した。東洋医学関係の科目は難解な漢字が頻出する。高齢の全盲入所者は墨字も点字も読めないために口頭で問題を読み上げてもらい，その都度極太のマジックを使い，失明前の感覚だけに頼って墨字で解答していた。そしてこの職場で中途失明者の点字触読の困難さを実感した。

　3年を経て，盲学校小学部教諭に転任した。最初に担任した5年生は，盲児6人，弱視児1人，計7人の学級である。盲児たちの点字の読み書きの速さには感嘆した。筆者が口頭で説明する内容を書き取らせる場面では，6人の盲児は点字タイプライターを駆使し，1回の説明ですぐに書き取ることができた。しかし弱視児は間に合わず，「もう1回言ってください。うるさいなー，ガッチャマンは」と6人の盲児が一斉に打つ点字タイプライターの「ガッチャガッチャ」という音に閉口しながら何度も消しゴムを使っていたことが思い起こされる。

　当時より点字競技会は実施されていたが，速読は両手読みの記録しか取られていなかった。盲児の様々な手の使い方を観察する中で，まず湧いてきた

疑問は，点字読みに用いる手は右手あるいは左手のいずれが望ましいのか，である。筆者が主担当として速読問題の作成から読速度の測定と評価を行ったのは1985（昭和60）年からで，ここから左右の片手読速度の測定を始めた。以来，2001（平成13）年度までの17年間を総括したのが第一章の盲児を対象とした点字読速度の発達である。点字教科書編集資料の中で点字導入教材に関する記述が初めて掲載された1983（昭和58）年発行版（文部省，1983b）には，「当初から両手読みを指導すること。右手読みより左手読みを重視すること」との記述があった。左手重視の理由は，点字盤を使った転写である。その指導の反映か，研究2（第一章第2節）の結果では左手優位の盲児が10人に対し，右手優位が6人，左右差の小さい両手型は5人であった。また研究4（第二章第1節）から，熟達者が受けた小学部1年時の点字指導はやはり「転写を理由とする左手」が16人と最も多かった。

　様々な文献に触れるなか，Bürklen（1932）の左手優位説，その後のHolland and Fehr（1942）やFertsch（1947）らによる米国での右手優位説，そしてHermelin and O'Connor（1971）に始まる大脳半球の機能差を根拠とした左手優位説を知ることができた。そこで，点字読みの熟達者の読み方が参考となるのではないかと考えて実施したのが，第二章の熟達者を対象とした一連の研究である。その結果は，右手優位が18人，左手優位は16人でその差はなかった（研究4）。片手読速度（研究4）と行移時間（研究6）にも右手と左手には有意差はなく，利き手（研究6）も無関係であることがわかった。これらは，Foulke（1991），Lowenfeld, Abel, and Hatlen（1969），Millar（1997）らが指摘した点字を読む手は左右のいずれが良いとは言えないことを支持する結果となった。そして，盲児も熟達者にも右手と左手の読速度が同じ程度の速さで読める両手型が少数ではあるが存在すること（研究2，研究4）もわかった。最も重要なことは，点字を読む手のタイプ，すなわち両手型，右手型，左手型とは関係なく，行頭は左手，中程は両手併行，行末は右手を使って読む両手活用型が両手の利得が大きく，これが効率的な両手の使い方であることが明確になった。

では盲児への指導のあり方について，熟達者からどのような示唆が得られたのか。それは，盲児全員を350文字以上の熟達者にすることはできないが，個々人が最大限に効率的な読み方ができる両手活用型への指導は可能ということである。Millar（1997）は，"点字使用者は自分の好みとスタイルをいつも発展させていく。この好みをひとつの要因だけに帰すのは誤りである"と述べているように，左右いずれの手が望ましいかではなく，点字を読む手の優位性は各人が発達にともなって獲得していくものであり，個人差を重視すべきであろう。そして，効率的な両手読みスキルの指導は点字導入期が最も効果的であり（Wormsley, 1981），この時期に右手でも左手でも読めるようにする指導が極めて大切であると考える。

　研究7（第三章第1節）では，点字教科書の点字指導法を検討した。昭和初期に出版された我が国最初の著作教科書の編集に携わった川本（1929）は，この時代すでに，最も望ましい読み方は，「両指を用いるのであるが同時に用いないで左指で左半分を右指で右半分を読む方法であり，左右の指で各行半分ずつ読む練習をつけることが最も有利であり適切である」と指摘したことは，本研究の結論に近いものであった。現在使用されている点字導入教材（文部科学省，2011a）とその指導法を解説した点字教科書編集資料（文部科学省，2011b）には，「両手でたどりましょう」という教材があるものの，徹底した右手と左手による片手読みのことは触れられていない。このことを明確に編集資料に掲載することが必要と考える。

2　今後の課題

　熟達者の画像解析（研究6）から，右手で行末を読み終える前に，左手が次行の行頭を読む「同時読み」が観察された。しかし，このことについてはまだ議論すべきことがある。それは，両手が2つの異なった文字列を同時に読み取るパラレル入力の検証である。Bertelson and Mousty（1989）とBertelson at el.（1985）はこれを支持し，我が国では黒川（1987）がその可能

性を示唆している。一方，Millar（1987, 1989, 1997）はパラレルに見えるのは両手間の機能がすばやく断続的に交替していることによるものとこれを強く否定している。本研究では目視による時間の測定であり，これらについて言及できる精密なデータとは言い難い。Hughes（2011）は新たな測定法を提案しており，その解析は今後の課題である。さらに，熟達者の対象者に過去の全日本点字競技大会で優勝経験者が含まれたが，多くが当時の記録を下回っていた。その理由は加齢によるものと推察されるが，読速度と加齢の関係については検討できなかったので，これも課題としたい。

　何より優先される課題は，小学部入学の点字導入段階からの右手，左手のいずれの読速度も向上させる指導の実践である。筆者がその機会を得られるかわからないが，これは今後点字指導を担当する後輩教師に委ねたい。ただ，ここに大きな壁が立ち塞がる。それは序論で論じた平成19年度から始まった特別支援教育体制と視覚障害教育，すなわち児童生徒数の激減に伴う視覚障害教育の専門性への危惧である。全国盲学校に点字指導の課題を尋ねた結果，表現に違いはあるものの，専門性の維持・継承をあげた学校が54校（84.3％）に上った（進・牟田口，2012）。その具体的内容は，「短い周期の人事異動や指導者の固定化」，「後継者を育成する校内研修の在り方」等，専門性を持つ指導者の減少を指摘したのが67件，「対象児童がいない」ことによる専門性低下の指摘は29件であった。

　本論執筆中，第50回日本特殊教育学会が2012（平成24）年9月末に行われ，学会企画シンポジウム「視覚障害教育の現状・課題・展望　FOR NEXT 50（そのⅢ）　視覚障害教育の今後の展開」が開催された。ここで佐島（2012）は，視覚障害児は1万人に1人か2人の「低発生頻度障害」であり，通常の学級に在籍する視覚障害児が盲学校在籍児の1.5倍，点字で学習する小学校在籍盲児は40人という文部科学省（2009）の調査結果を紹介した。研究1（第一章第1節）で盲学校と通常学級在籍児童の読速度発達を比較した結果，中学年から両者に有意差が生じたことが示された。理由は，墨字との併用，盲学校と小学校との読書環境の違いなど種々考えられる。

さらに研究1の考察で，インクルーシブ教育の米国では点字を読めない盲児が多くなっている（Foulke, 1983）ことを述べたが，佐島（2012）も「米国では盲児童生徒の20％しか点字を読むことができない，高校生になって点字を学んでいる」と述べた。

　就学の場にかかわらず，盲児に必要な知識と技能は同じである。中央教育審議会は2012（平成24）年7月，「共生社会の形成に向けたインクルーシブ教育システム構築のための特別支援教育の推進」を報告した（文部科学省, 2012）。低発生頻度障害の視覚障害児に対する障害のある子どもが十分に教育を受けられるための合理的配慮およびその基礎となる環境整備が喫緊の課題である。

第2節　総合考察と今後の課題

おわりに

　「おわりに」執筆にあたり，改めて本研究の意義と課題を振り返ってみたい。

　盲児を対象とした研究の最大の意義は，小学部6年間を縦断的に追跡したことと，その対象児童数にあると考える。対象児21名は同時期に入学したのではない。実際は毎年数名しか入学しないので，21名のデータを収集するためにかかった歳月は10年であった。もし，今後同様の研究を実施したいと思っても，全国盲学校の実態を考えるとおそらく数十年かかることは容易に想像できる。熟達者については，1999（平成11）年まで約30年間実施されていた「全日本点字競技大会」の過去の記録があったからこそ，熟達者の研究を実施することができたと考える。当時その記録が事務局に残されていることを知り，直接伺って研究目的を説明したところ，その趣旨を理解した上で開示してもらうことができた。おそらく今では不可能であろう。改めて関係者の皆様に感謝申し上げたい。そしてその記録には，過去の最高読速度は1分間628文字とあった。後日，その記録保持者を訪ね，その読み方を直に自分の目で見たときの感動は今でも鮮明に残っている。

　今後の課題は，点字を読む場面の記録と正確な軌跡の解析方法である。本研究では対象者の上部から撮影し，軌跡は目視に頼ることになったが，最近有効な軌跡解析ソフトの存在を知った。これを使用すればさらに客観的で説得力ある研究が可能になると考える。

　わたしは大学卒業後の1975（昭和50）年4月，福祉の職場から社会人をスタートした。元来教員を志望していたので，前年に郷里の福岡県，盲学校教員として叔父が勤務していた大阪市，そして視覚障害教育を学んだ広島県の教員採用試験を受けた。当時はほとんどが「合格できる時代」だったのか

いずれも運良く合格することができたが、わたしには兄弟姉妹がいなかったので、親元の福岡に就職することにしていた。卒論提出後に、指導教官だった藤井聰尚先生（広島大学名誉教授）から「厚生省管轄の国立福岡視力障害センターから求人があるが、行ってみないか」とのお話をいただいた。わたしは「地元であり、国家公務員にも魅力を感じるから行ってみようか」と決心し、史跡元寇防塁にほど近い福岡市西区今津にある同センターへ赴任した。ここは、わたしよりはるかに年長の150名を超える入所生が社会復帰を目指して点字や歩行（移動）などの生活訓練、そして理療を学ぶ施設である。その後、文部省教科調査官として転出された香川邦生先生（元筑波大学教授）の後任として1978（昭和53）年6月に筑波大学附属盲学校へ転任する。ここで25年ほど勤務した。その後、国立特殊教育総合研究所を経て、現在勤務する広島大学で今年14年目を迎えた。

　広島大学定年退職を1年後に控えたこの時機に、なんとしても執筆したいと考えた理由は、二つある。勤務した盲学校では子どもたちから多くのことを学んだ。さらに多くの点字熟達者と直接お目にかかることができた。理由のひとつはその感謝の意味を込めたいと考えたこと、そしてもうひとつは、今後の視覚障害教育への想いである。本論で述べたとおり、盲学校はその存在意義が問われて久しい。児童生徒の少人数化、障害の重度重複化という課題は、わたしが1978（昭和53）年に盲学校教師となった頃から叫ばれ始めた。以来40年、この課題はさらに肥大化し、もはや「日本の視覚障害教育は雲散霧消するのでは」というほど深刻な状況にあるといえる。視覚障害のある児童生徒への適切な支援の具体的方法、これは長い盲学校教育で培われたものである。これらが昔話にならず、その財産をしっかり継承・発展できることを祈念するばかりである。

　最後に、点字研究について20年前から指導していただいた、筑波大学名誉教授中田英雄先生、筑波技術大学名誉教授黒川哲宇先生、前日本ライトハウス理事長木塚泰弘先生、急逝された元東京都立文京盲学校長小林一弘先生

に改めて御礼申し上げる．また，博士論文審査にあたっては，広島大学大学院教育学研究科，落合俊郎名誉教授，若松昭彦教授，七木田敦教授，川合紀宗教授には多くのご示唆をいただいた．さらに特別支援教育学講座の先生方からたくさんの激励と応援を頂戴した．先生方に衷心より感謝申し上げる次第である．そして，筑波大学附属盲学校小学部で同僚として様々に議論を交わした皆様，支えてくれた家族に感謝したい．

　本書は，独立行政法人日本学術振興会平成 28 年度科学研究費助成事業（研究成果公開促進費［学術図書］課題番号 16HP5209）からの補助金の交付を受けた．出版にあたっては，科研申請時から出版に至るまで慶應義塾大学出版会，西岡利延子氏にはひとかたならぬ世話になった．ここにお礼を申し上げる．

2017 年 2 月

牟田口辰己

おわりに

文　献

Adobe (2010) Adobe Premiere Elements 9.
阿佐　博（1984）「点字について」,『筑波大学附属盲学校退官講演記録』（未刊行）.
阿佐　博（2010）「未来の点字は国語改造論に—日本点字120年に寄せて—」,『点字から未来を』, 87-88, 視覚障害者支援総合センター.
阿佐　博（2012）『点字の履歴書—点字に関する12章—』, 視覚障害者支援総合センター.
Bertelson, P. and Mousty, P. (1989) Simultaneous reading of braille with the two hands: Reply to Millar (1987). *Cortex, 25(3)*, 495-498.
Bertelson, P., Mousty, P. and D'Alimonte, G. (1985) A study of braille reading: 2. Patterns of hand activity in one-handed and two-handed reading. *Quarterly Journal of Experimental Psychology, 37A,* 235-256.
Birns, S. (1976) Review of literature on braille reading. *New Outlook for the Blind, 70,* 392-397.
Bürklen, K. (1932) *Touch reading of the blind.* American Foundation for the Blind. New York.（原著は, *Das Tastlesen der Blindenpunktschrift*, 1917. 1932年にFrieda Kiefer Merryにより英訳された）
Davidson, P. W., Appelle, S. & Haber, R. N. (1992) Haptic scanning of braille cells by low and high-proficiency blind readers. *Research in Developmental Disabilities, 13,* 99-111.
Fertsch, P. (1946) An analysis of braille reading. *Outlook for the Blind and Teachers Forum, 40,* 128-131.
Fertsch, P. (1947) Hand dominance in reading braille. *American Journal of Psychology, 60,* 335-349.
Foulke, E. (1982) Reading Braille. In Schiff, W. & Foulke, E. (Eds.). *Tactual Perception: A Source Book,* New York: Cambridge University Press.
Foulke, E. (1983)「IBMウエルフェアセミナー講演記録」（未刊行）.
Foulke, E. (1991) Braille. In Heller, M. A. & Schiff, W. (Eds.). *The Psychology of Touch.* LEA, New Jersey, 219-233.
藤谷みちる（1986）「盲幼児の点字指導法に関する一研究」,『視覚障害教育実践研究』2, 12-18.
原田良實（2010）「中途視覚障害者への点字触読指導」,『視覚障害』270, 1-15, 視覚障害者支援総合センター.
Harley, R.K., Henderson, F.M. and Truan, M.B. (1979). *The Teaching of braille*

reading. Charles C Thomas. Springfield, Il.

Harris, L. J. (1980) Which hand is the "eye" of the blind? A new look at an old question. In J. Herron(Ed.), *Neuropsychology of Left-handedness.* Academic Press, New York, 303-329.

Heller, T. (1895) *Studien zur Blinden-Psychologie.* W. Engelmann, Leipniz.

Hermelin, B. and O'Connor, N. (1971) Functional asymmetry in the reading of braille. *Neuropsychologia, 9,* 431-435.

Holland, B. F. (1934) Speed and pressure factors in braille reading. *Teachers Forum, 7,* 13-17.

Holland, B. F. and Eatman, P. F. (1933) The silent reading habits of blind children. *Teachers Forum, 6,* 4-11.

Holland, B. F. and Fehr, C. A. (1942) The reading of braille music. *Outlook for the Blind, 36,* 25-29.

本間一夫（1999）「独りで読めた忘れえぬ喜び」,『毎日新聞』1999（平成11）年11月1日.

Hughes, B. (2011) Movement Kinematics of the Braille-reading Finger. *Journal of Visual Impairment & Blindness, 105(6),* 370-381.

池谷尚剛（2010）「すべての視覚障害児の学びを支える視覚障害教育の在り方に関する提言―視覚障害固有の教育ニーズと低発生障害に応じた新しい教育システムの創造に向けて―（平成22年11月15日）」.
http://www.mext.go.jp/b_menu/shingi/chukyo/chukyo3/044/attach/1299899.htm（閲覧日 2016年12月15日）

Ittyerah, M. (1993) Hand preferences and hand ability in congenitally blind children. *Quarterly Journal of Experimental Psychology, 46B,* 35-50.

香川邦生・猪平眞理・大内　進・牟田口辰己（2010）『四訂版　視覚障害教育に携わる方のために』, 慶應義塾大学出版会.

香川邦生・猪平眞理・大内　進・牟田口辰己（2016）『五訂版　視覚障害教育に携わる方のために』, 慶應義塾大学出版会.

柿澤敏文（2012）「全国視覚特別支援学校及び小・中学校弱視特別支援学級児童生徒の視覚障害原因等に関する調査研究―2010年調査―」, 筑波大学人間系障害科学域.

片桐充至（2011）「視覚障害教育の専門性の維持と継承について―たかが点字されど点字―」,『視覚障害教育』110, 37-41, 全日本盲学校教育研究会.

加藤俊和（2013）「第25回視覚障害教科教育・点訳研究会発表資料」（2013年7月29・30日, 名古屋市）.

管　一十（1988）『視覚障害者と点字』，福祉図書出版．
川本宇之介（1929）「盲学校初等部国語読本巻一に就て」，『盲教育』2（1），11-19．
岸　博美（2010）「『盲学校は曲がり角』の先にまちうけていたもの―どう超えていくか―」，『視覚障害』，265, 1-18, 視覚障害者支援総合センター．
岸　博美（2012）「視覚障害教育『曲がり角』の先に進むために」，『視覚障害』291, 13-22, 視覚障害者支援総合センター．
木塚泰弘・小田浩一・志村　洋（1985）「点字パターン認識を規定する諸要因」，『国立特殊教育総合研究所紀要』12，107-115, 国立特殊教育総合研究所．
木塚泰弘（1999）「中途視覚障害者の触読効率を向上させるための総合的点字学習システムの開発―点字サイズの評価法，サイズ可変点字印刷システム，学習プログラム・CAI の開発―」，『平成 7 ～平成 10 年度科学研究費補助金（基盤研究（A）（2））研究成果報告書』．
厚生労働省社会・援護局障害保健福祉部企画課（2006）「平成 18 年身体障害児・者実態調査結果」．
久保田　競（1982）『手と脳』，紀伊国屋書店，132-156．
熊沢八千代（1969）「盲児の触読に関する研究」，『盲心理研究』16，39-47, 日本盲心理研究会．
黒川哲宇・徳田克己（1985）「点字触読における認知メカニズムの観察」，『日本特殊教育学会第 23 回大会論文集』，8-9．
黒川哲宇（1987）「点字触読時における手の機能分担について」，『視覚障害教育・心理研究』5（1・2），1-6, 筑波大学．
草島時介（1937）『点字の研究』，甲栄社出版部．
Kusajima, T. (1974) *Visual reading and braille reading: An experimental investigation of the physiology and psychology of visual and tactual reading.* American Foundation for the Blind. New York.
草島時介（1983）『点字読書と普通読書』，秀英出版．
Lowenfeld, B., Abel, G. L., and Hatlen, P. H. (1969) *Blind children learn to read.* Springfield, Illinois.
益田真由美・楠原妙子（1998）「他動スライディング法による盲幼児の点字触読指導」，『視覚障害教育実践研究』4，1-10．
松岡　悟（2011）「点字を学ぶ一歩から―視覚障害教育の専門性の維持と継承について・私見―」，『視覚障害教育』110, 42-46, 全日本盲学校教育研究会．
Maxfield, K. E. (1928) *The Blind Child and His Reading.* American Foundation for the Blind, New York.
Microsoft (2011) Excel 2011 for Mac.
Millar, S. (1984) Is there a "best hand" for braille? *Cortex, 20(1),* 75-87.

Millar, S. (1987) The perceptual "window" in two-handed braille: Do the left and right hands process text simultaneously? *Cortex, 23(1)*, 111-122.

Millar, S. (1989) Simultaneous reading with the two hands: Reply to Bertelson and Mousty. *Cortex, 25(3)*, 499-502.

Millar, S. (1997) Hand-movements in reading: measures, functions and proficiency. *Reading by touch*, Routledge. New York.

道村静江（2002）「点字導入学習プログラム」，点字学習を支援する会．
http://tenji-sien.net/dounyu.htm（閲覧日 2016 年 12 月 15 日）

道村静江（2004）「点字導入の読み書き指導及び点訳便利帳 2003 年版の紹介」,『視覚障害教育』97, 45, 全日本盲学校教育研究会．

Mommers, M. J. C. (1980) Braille reading: Effects of different hand and finger usage. J*ournal of Visual Impairment and Blindness, 74*, 9, 338-343.

文部科学省（2002）「小学校学習指導要領」．

文部科学省初等中等教育局特別支援教育課（2002）「盲学校小学部点字教科書編集資料」．

文部科学省（2003）『点字学習指導の手引（平成 15 年改訂版）』，大阪書籍．

文部科学省（2005）『文部科学省著作教科書　盲学校小学部こくご 1-1』，視覚障害者支援総合センター．

文部科学省（2009）「小・中・高等学校等に在籍する弱視等児童生徒に係る調査の結果について」．
http://www.mext.go.jp/b_menu/houdou/21/12/1287566.htm（閲覧日 2012 年 9 月 30 日）

文部科学省初等中等教育局特別支援教育課（2011a）『国語点字教科書 1-1』，日本ライトハウス．

文部科学省初等中等教育局特別支援教育課（2011b）「特別支援学校（視覚障害）小学部点字教科書編集資料」．

文部科学省（2012）「共生社会の形成に向けたインクルーシブ教育システム構築のための特別支援教育の推進（報告）」．
http://www.mext.go.jp/b_menu/shingi/chukyo/chukyo3/044/houkoku/1321667.htm（閲覧日 2016 年 12 月 15 日）

文部省（1929 ～ 1934）『盲学校初等部　国語読本』巻一から巻十二．

文部省（1949）『よにんのいいこ』，毎日新聞社．

文部省（1953）「特殊児童の判別とその解説（昭和 28 年 6 月 2 日文部事務次官通達）」．

文部省（1963）『「盲学校小学部」国語学習指導書』，日本ライトハウス．

文部省（1968）『盲学校小学部 1 年　国語教科書』．

文部省（1973）『盲学校小学部1年　国語教科書』．
文部省（1975）『点字学習指導の手引』，東山書房．
文部省（1978）『特殊教育百年史』，東洋館出版社．
文部省（1983a）『盲学校小学部1年　国語教科書』．
文部省初中局特別支援教育課（1983b）「盲学校小学部点字教科書編集資料」．
文部省（1984）『視覚障害児の発達と学習』，ぎょうせい．
文部省（1995）『点字学習指導の手引き（改訂版）』，慶應通信，11-49．
文部省（1996）『盲学校小学部1年　国語教科書』．
Mousty, P. and Bertelson, P. (1985) A study of braille reading: 1. Reading speed as a function of hand usage and context. *Quarterly Journal of Experimental Psychology, 37A,* 217-233.
牟田口辰己（2010）「全国学力・学習状況調査点字問題から視覚障害教育を考える」，『視覚障害』262, 1-10, 視覚障害者支援総合センター．
牟田口辰己・進　和枝（2012）「盲学校における点字触読導入指導に関する研究（1）―全国盲学校への対象児に関する調査から―」，『日本特殊教育学会第50回大会論文集』USB版．
Myers, D. H.（1976）Right- and left-handed counting of braille dots in subjects unaccustomed to braille. *British Journal of Psychology, 67,* 407-412.
日本盲人会連合（1997）「全国点字競技大会記録」（未公開．筆者が事務局を訪問して調査を行ったもの）．
大川原潔（1976）『教科書百年の変遷』，東京教育大学教育学部リハビリテーション教育研究施設．
大河原欽吾（1954）『点字発達史』，培風館．
大内　進（2003）「両手を効果的に活用した点字触読指導法の開発に関する研究―事例研究を通して―」，『独立行政法人国立特殊教育総合研究所研究紀要』30, 71-80．
大内　進（2006）「点字指導法のレビュー」，点字，触圧，指導法に関するワークショップ（新潟大学工学部福祉人間工学科　渡辺研究室）．
http://vips.eng.niigata-u.ac.jp/Tactile/TacPressWorkshop/BrailleWorkshopjp.html（閲覧日　2016年12月15日）
Rudel, R. G., Denckla, M. B. and Spalten, E.（1974）The functional asymmetry of braille letter learning in normal, sighted children. *Neurogy, 24,* 733-738.
佐野保太郎（1930）「盲学校初等部国語読本の教材について」，『盲教育の友』第2巻第4号，東京盲学校内盲教育研究会，6-8．
佐島　毅（2012）「視覚障害者の教育保障と学習支援」，『総合リハビリテーション』40（9），1185-1192，医学書院．

佐藤泰正（1984）『視覚障害児の読書速度に関する発達的研究』，学芸図書．

澤田真弓・原田良實（2004）『中途視覚障害者への点字触読指導マニュアル』，読書工房．

進　和枝・牟田口辰己（2006）「点字触読導入法の比較」，『日本特殊教育学会第43回大会発表論文集』，647．

進　和枝・牟田口辰己（2012）「盲学校における点字触読導入指導に関する研究（2）―全国盲学校への指導方法に関する調査から―」，『日本特殊教育学会第50回大会論文集』，USB版．

立花明彦・松谷詩子（2010）『中途視覚障害者のための点字入門』，日本点字図書館．

点字毎日（1999）「全日本点字・点字ワープロ競技大会，点字部門今年は中止」，『点字毎日』1996（平成11）年8月26日．

Wormsley, D. P. (1980) *The effects of a hand movement training program on the movements and reading rates of young braille readers.* University Microfilms International, Ann Arbor, MI.

Wormsley, D. P. (1981) Hand movement training in braille reading. *Journal of Visual Impairment and Blindness, 72,* 8, 327-331.

Wright, T., Wormsley, D. P. and Kamei-Hannan, C. (2009) Hand movements and braille reading efficiency: Data from the Alphabetic braille and contracted braille study. *Journal of Visual Impairment and Blindness, 103(10),* 649-661.

山口芳夫（1982）『日本点字表記法概説』，ジャスト出版．

山口芳夫・山口さゑ（1986）『日本点字への道　少年少女のための石川倉次物語』，はばたき職業センター．

全日本盲学校教育研究会（1968）「点字部会報告」，『盲教育』28．

全日本盲学校教育研究会（1979）「盲教育百年宣言」，『盲教育』46・47合併号．

全日本盲学校教育研究会（2011）「視覚障害教育の専門性の維持と継承について2」，『視覚障害教育』110, 全日本盲学校教育研究会．

索　引

人名索引

A〜Z
Abel, G. L.　42, 187
Bertelson, P.　16, 86, 153, 188
Birns, S.　22
Bürklen, K.　12, 13, 16, 24, 26, 41, 56, 86, 133, 187
Eatman, P. F.　13, 150
Fehr, C. A.　41, 56, 187
Fertsch, P.　14, 16, 41, 56, 68, 187
Foulke, E.　24, 42, 134, 187
Harris, L. J.　16, 56
Hatlen, P. H.　42, 187
Heller, T.　17, 23
Hermelin, B.　15, 42, 56, 68, 187
Holland, B. F.　13, 14, 41, 56, 150, 187
Hughes, B.　153, 189
Ittyerah, M.　26, 104, 151
Kamei-Hannan, C.　42
kusajima, T.　17, 21, 24〜26, 42, 136
Lowenfeld, B.　42, 187
Maxfield, K. E.　13
Millar, S.　26, 68, 69, 104, 151, 153, 187〜189
Mommers, M. J. C.　15
Mousty, P.　16, 153, 188
O'Connor, N.　15, 42, 56, 68, 187
Wormsley, D. P.　21, 42
Wright, T.　42

あ〜わ
阿佐　博　82
池谷尚剛　4
石川倉次　8, 41, 160
猪平眞理　3, 72
五十嵐信敬　31

大内　進　3, 28, 72, 182
小田浩一　23, 29
香川邦生　3, 72
柿澤敏文　72
片桐充至　5
加藤俊和　54
川上泰一　9
川本宇之介　166, 167, 182, 188
管　一十　36, 72
岸　博美　3, 4
木塚泰弘　23, 29, 42
草島時介　17, 20, 106, 108, 111, 114, 115, 129, 131〜134
久保田　競　68
熊沢八千代　21, 106, 108, 111, 114, 115, 117, 129, 131
黒川哲宇　23, 56, 68, 69, 153, 188
小西信八　8
佐島　毅　190
佐藤泰正　22, 53, 73, 79
澤田真弓　34, 37
志村　洋　23, 29
シャルル・バルビエ　8
進　和枝　28
立花明彦　37
徳田克己　69
鳥居篤治郎　28
長谷川貞夫　9
原田良實　10, 34, 37
本間伊三郎　5
本間一夫　11
松岡　悟　5
松谷詩子　37
道村静江　32, 84, 162, 178
ルイ・ブライユ　8, 41, 154

203

事項索引

A〜Z

abs-RHS　98〜100, 130, 134
DAISY　11
HMTP　22
R2HG（Relative Two-Handed Gain）　16, 58, 92
R2HG　16, 58, 59, 69, 86, 92, 98〜100, 103, 107, 118, 130, 131, 133, 134, 139, 149, 151, 152
RLHS（Relative Left Handed Superiority）　16, 57, 86, 92
RLHS　16, 57, 58, 59, 61, 63, 64, 66, 92〜94, 97〜100, 107, 109, 122, 125, 127, 130, 133, 138, 139
the left marks pattern　42
the parallel pattern　42
the scissors pattern　42, 134
the split pattern　42

あ行

1行あけ教材　33
1マスあけ　173
1文字空け　35
一文字読み　31
インクルーシブ教育　55, 190
裏返し時間　139〜141
L点字　36
援助指　19
音声言語の獲得　84

か行

鏡文字　32, 33, 171
学習プログラム　29
拡大教科書　74, 80
拡大読書器　72
画像解析　136
感覚訓練　170
漢点字　9
聞く読書　11

軌跡
　　—解析　109
　　—パターン　107, 111
基礎点字の習得　170
行移し運動　53, 81
境界視力　72
行替え　177
教科学習を効率的に行うこと　90
行間運動　17, 19, 20, 106, 132, 136
　　—の分類　17
行たどり　163, 177
京都府立盲学校　3
京都ライトハウス　28
具体的な指導スキル　180
句読み　31
減少率　143, 145
効率的な手の使い方　156
効率的な両手読み　137, 183
国語点字教科書点字導入教材　24
国立視力障害センター　36, 186
50音書き　46
ことばあふれ出る教室　81

さ行

サーモフォーム　163, 173
左右差の程度の定義　86
左右対称運動　20
触り方
　　—の基礎学習　184
　　—の教科書　184
視覚障害教育の専門性　189
視覚障害児の発達と学習　170
時間測定読書法　75
指数弁　72
児童生徒数の激減　189
指導
　　—プログラム　181
　　—力の向上　180
　　就学前指導　54
　　集中指導　73, 80, 81

手動弁　72
準盲　72
障害の重複化　84
常用文字の相違　80
触圧　37, 184
触運動　184
　　―記録装置　108
　　―の統制　30, 84
触空間の形成　84
触察　53
　　―導入教材　172
　　―の指導　173
触知覚運動記録装置　17
触読
　　―教材　183
　　―作用の分業　19
　　―指導　80
　　―年数　24
　　―の圧力　172
触野の拡大　69
触覚の鈍さ　35
尋常小学
　　―国語読本　163
　　―読本　163
身体障害（児・者）実態調査　10, 33
心理的な特性　184
すべての視覚障害児の学びを支える視覚障害教育の在り方に関する提言　4
世界点字デー　8
全国特別支援教育推進連盟　81
全国特殊教育推進連盟　81
全国盲学生点字競技会　46
全国盲学校長会　6, 162
線たどり　172
　　―課題　75
先天盲児　90
全日本点字競技大会　41, 91～93, 102, 105, 154, 155, 189
全日本盲学校教育研究会　4
専門性の維持・継承　180, 189

た行

大脳半球　23, 56, 187
大脳両半球の機能分担　15
タキストタクトメーター　17
縦横読み　34
他動スライディング　162, 178, 179
　　―方式　30
単語読み　31
知覚の窓　133, 134
知覚窓の拡大　26
中途視覚障害者
　　―のための点字入門　37
　　―への点字触読指導マニュアル　34
聴写　46
帝国盲教育会　4
デイジーコンソーシアム　10
手と心で読む　10
手の型　141
手のタイプ　59, 92～96, 103, 110, 127～129, 138, 139, 156
　　―の定義　58
手指
　　―の運動　172
　　―の巧緻の訓練　170
点字学習
　　―教材　184
　　―指導の手引　162, 174～176, 178, 179
　　―のレディネス　23
点字器　32
点字キーボード　30
点字教科書　160, 161, 163, 169, 175, 176, 178, 181, 182, 188
　　―編集資料　160, 174, 177, 187, 188
点字サイズ　38
点字指導
　　―書　53, 70, 90, 136, 151, 177
　　―の開始年齢　72
　　―の手引（書）　24, 28
　　―の導入　13, 36
　　―法の改善　182

索引

点字触読
　　―指導　54, 184
　　―導入教材　75, 160, 161, 163, 170, 176, 182, 185
　　―導入の指導　53
　　―能力　61
　　―の正しい姿勢　172
点字制定記念日　154
点字タイプライター　10, 28, 30, 32, 186
点字ディスプレー　36
点字導入
　　―学習プログラム　32
　　―期　188
　　―教材　162, 163, 164, 172〜174, 176, 183, 187, 188
　　―の開発　183
　　―指導　156, 180
　　―時の指導　104
　　―時の手の指導　101
点字独習八週間　38
点字図書　54, 81, 166
点字ドリル　179
点字能力検定規則　91
てんじのおけいこ　169
点字の
　　―漢字　9
　　―初期指導　169
　　―レディネス　170
点字離れ　11
点字盤　28, 32, 36, 100, 104, 187
点字プリンター　32, 36, 48, 92
点字弁別力　30
点字毎日　11
点字模型　13, 28
転写　31, 33, 46, 100, 101, 104, 187
点字読みスキルの習得過程　43
点字理解　10, 33
点と点の隙間　34
点筆　104
東京盲唖学校　8

統合・分析触覚協働説　17
同時
　　―触り　26
　　―処理　26
　　―読み　136, 137, 140, 149, 150, 152, 157
統制指　18
同伴援助指　18, 20
独習用の点字入門書　37
読書練習機　75
読速度
　　―の左右差　81
　　―発達　68

な行
ナビゲーションテープ　38
日本点字
　　―研究会　9
　　―制定120年　11
　　―制定の地　8
　　―制定の日　8
　　―図書館　37
　　―表記法2000年版　9
日本盲人会連合　154

は行
パーキンズブレーラー　32
8点点字　9
原田による触読指導法　38
パラレル入力　27, 69, 153, 188
パリ訓盲院　8
反復指導　82
左手優位説　13
非両手活用型　110, 129〜131, 133, 134, 137, 138, 141, 146, 149, 151, 152, 156
ピンティスプレイ　101
文章読み　81
ペグボード　13
弁別　53, 166, 171, 174, 176, 177
墨字の読速度向上訓練　22

保護者向けの墨字資料　179

ま行
右手優位説　13
道村の点字指導プログラム　178
見る意欲　72
盲唖院　3
盲学校
　　―児童生徒数の激減　84
　　―小学部国語学習指導書　169
　　―初等部　国語読本　161, 163
　　―のセンター的機能　53, 54, 84, 181
　　―の存在意義　4
盲教育百年宣言　5
盲児統合教育元年　5
盲聾分離　3
文字（の）導入　75, 81
文字の初めの基準点　179
文部科学省著作教科書　160

や行
指
　　援助指　19
　　統制指　18
　　同伴援助指　18, 20
UV
　　―インキ　32
　　―印刷　32, 37
　　―点字　37, 38
指点字　9
　　―略字　10
よにんのいいこ　168
読み
　　―文字読み　31

句読み　31
単語読み　31

ら行
ラテラリティ　26, 68, 137
理解啓発ビデオ　81
理想的な読み　91
リベット　28
両指の協働　18, 19
両手
　　―活用型　110, 129～131, 133, 134, 137,
　　　138, 141, 146, 149, 151, 152, 156, 157,
　　　187, 188
　　―協応読み　182
　　―による呼応・協働効果　20
　　―の意義　93
　　―の機能分担　69
　　―の（による）利得　58, 81, 82, 99, 100,
　　　106, 107, 118, 129, 130, 136, 137, 141,
　　　149, 151, 152, 183, 187
　　―併行の意義　133
　　―への分業　177
　　―を使う指導　101
　　―を分割　136
両手読み
　　―の機能分担説　14
　　―の効率性　151
　　―のメリット　101
　　―の利得　99, 131, 134, 156
　　―用教材　167
レディネス教材　163
練習教材　174
六点漢字　9

著者紹介

牟田口辰己（むたぐち　たつみ）
広島大学大学院教育学研究科特別支援教育学講座教授。博士（教育学）。
1952年福岡県生まれ。筑波大学大学院教育研究科修士課程修了。専門は特別支援教育，視覚障害教育。筑波大学附属盲学校教諭，国立特殊教育総合研究所視覚障害教育研究部弱視教育研究室長などを経て現職。
著書に『歩行指導の手引』（共著，慶應通信，1985年），『五訂版 視覚障害教育に携わる方のために』（共著，慶應義塾大学出版会，2016年）など。

盲児に対する点字読み指導法の研究
──点字読み熟達者の手の使い方の分析を通して

2017年2月28日　初版第1刷発行

著　者─────牟田口辰己
発行者─────古屋正博
発行所─────慶應義塾大学出版会株式会社
　　　　　〒108-8346　東京都港区三田 2-19-30
　　　　　TEL〔編集部〕03-3451-0931
　　　　　　　〔営業部〕03-3451-3584〈ご注文〉
　　　　　　　〔　〃　〕03-3451-6926
　　　　　FAX〔営業部〕03 3451-3122
　　　　　振替 00190-8-155497
　　　　　http://www.keio-up.co.jp/
装　丁─────巖谷純介
印刷・製本───萩原印刷株式会社
カバー印刷───株式会社太平印刷社

©2017 Tatsumi Mutaguchi
Printed in Japan　ISBN 978-4-7664-2398-3

慶應義塾大学出版会

五訂版
視覚障害教育に携わる方のために

香川邦生 編著
猪平眞理・大内進・牟田口辰己 共同執筆

視覚に障害をもつ子どもの特性や心理を踏まえ、乳幼児期から学校教育を経て社会的自立に至るまで、発達段階に合わせた養育・指導上の配慮を解説。教員はもとより、保護者やボランティアにとっても必読の書。

A5判／並製／320頁
ISBN 978-4-7664-2367-9
◎3,000円

◆主要目次◆
- 第1章　眼の機能と視覚障害
- 第2章　視覚障害教育のあゆみ
- 第3章　特別支援教育と視覚障害教育
- 第4章　視覚障害児童生徒の教育と就学支援
- 第5章　教育課程と指導法
- 第6章　自立活動の基本と指導
- 第7章　視覚障害児のための教材・教具
- 第8章　乳幼児期における支援
- 第9章　視覚障害者の職業
- 第10章　視覚障害と福祉

［資料］視覚障害教育に関わる基礎的文献

表示価格は刊行時の本体価格（税別）です。

慶應義塾大学出版会

肢体不自由教育シリーズ〈全4巻〉
日本肢体不自由教育研究会 監修

肢体不自由教育について、実践的で専門性を兼ね備えた手引書。長年の実践研究を積み上げてきた日本肢体不自由教育研究会と、肢体不自由教育をリードする執筆陣が、各テーマにそって解説する。

1 肢体不自由教育の基本とその展開

徳永豊・早坂方志 編　特別支援教育を前提に、肢体不自由教育で特に必要な知識、指導の考え方、指導内容など、基本を解説。重複障害の増加と個々の教育的ニーズにも対応。また、動作法、作業療法や音楽療法などについても紹介する。◎2,200円

2 コミュニケーションの支援と授業づくり

徳永豊・渡邉章・早坂方志 編　肢体不自由教育での授業づくりでは、子どもと教員、子ども同士でのやりとりなど、コミュニケーションの進展をいかに図るかが基本となる。コミュニケーションの考え方とその工夫を分かりやすく紹介し、さらに日々の授業改善に役立つ理論と実践について具体的に解説する。　◎2,200円

3 これからの健康管理と医療的ケア

飯野順子・阿部晴美・徳永豊 編　障害の重度・重複化にともない、療育・健康に関する指導も大切な点となってきている。医療的ケアや健康管理の教育的意義をどうとらえ、実践していけばよいのか。健康の保持・増進を図るための知識と、医師・看護師・養護教諭等との連携のあり方などを解説する。　◎2,200円

4 専門性向上につなげる授業の評価・改善

村田茂・早坂方志・徳永豊・渡邉章 編　平成21年3月告示の特別支援学校学習指導要領をふまえて、教育課程編成の要点と、自立活動を中心に解説。先進的な実践報告と、実践研究のまとめ方について解説し、障害児教育でのキャリアアップと、日々の授業力の向上に役立つ書。　◎2,200円

表示価格は刊行時の本体価格（税別）です。

慶應義塾大学出版会

東日本大震災と特別支援教育
共生社会にむけた防災教育を

田中真理・川住隆一・菅井裕行 編著　自閉症などの発達障害や、重度・重複障害の子どもたちと保護者の被災体験は、特別支援教育や防災対策に大きな課題を露呈した。東日本大震災の被災体験から、インクルーシブな防災教育を提言。　◎3,000円

障害の重い子どもの目標設定ガイド
授業における「学習到達度チェックリスト」の活用

徳永豊 編著　知的障害などで学ぶことの困難さが大きい子どもの学習評価の画期的ツールである「学習到達度チェックリスト」の仕組み、具体的な活用方法、実践事例を解説。本書を購入すると「学習到達度チェックリスト」等をダウンロードし使用できる。　◎1,000円

重度・重複障害児の対人相互交渉における共同注意
コミュニケーション行動の基盤について

徳永豊 著　乳幼児が獲得する「共同注意」の形成までを「三項関係形成モデル」として示し、障害が重度な子どもの事例研究によって、「自分の理解」や「他者への働きかけ」「対象物の操作」の発達の筋道を示す。　◎3,600円

期待を超えた人生
全盲の科学者が綴る教育・就職・家庭生活

ローレンス・スキャッデン 著／岡本明 訳　「アクセシビリティ」の技術の啓蒙・普及に大きく貢献した、米国の全盲の科学者の自叙伝。障害のある若者やその家族へのアドバイスと提案が満載。IT開発、ユニバーサルデザイン関係者も必読。視覚障害等対応の「テキストデータ引換券」付。　◎2,800円

表示価格は刊行時の本体価格（税別）です。